AF173994

CORAZÓN Y UNA LENGUA PEREGRINA

also by Latino Writers Collective

Cuentos del Centro: Stories from the Latino Heartland
(Cucui Press 2013, 2nd Edition)

Primera Pagina: Poetry from the Latino Heartland
(Scapegoat Press 2009)

CORAZÓN Y UNA LENGUA PEREGRINA

POESÍA Y NARRATIVA

LATINO WRITERS COLLECTIVE

SELECCIÓN Y EDICIÓN:
GABRIELLA GUTIÉRREZ Y MUHS, PHD

39 WEST
PRESS

39 WEST PRESS
Kansas City, MO
www.39WestPress.com

39 WEST
PRESS

Copyright © 2016 by Latino Writers Collective

All rights reserved. No part of this book may be reproduced, scanned, or distributed in any printed or electronic form, including information storage and retrieval systems, without permission. Please do not participate in or encourage piracy of copyrighted materials in violation of the author's rights. Please purchase only authorized editions.

First Edition: November 2016

ISBN: 978-0-9908649-9-8

Library of Congress Control Number: 2016956737

This book is a work of fiction. Names, characters, places, dates, and incidents are products of the author's imagination, or are used fictitiously, satirically, or as parody. Any resemblance to actual persons, living or dead, business establishments, events, or locales is entirely coincidental.

10 9 8 7 6 5 4 3 2 1

Design & Layout: j.d.tulloch
Front/Back Cover Art: Pekes and Pictures Photography
Interior Art (corazón y gallo): Chico Sierra

39WP-15

ÍNDICE

POESÍA

NARRATIVA Y MICRO-RELATOS

RESEÑA DE AUTORES

RECONOCIMIENTOS

El Colectivo de Escritores Latinos, Latino Writers Collective (LWC) como es conocido en el ámbito artístico y literario norteamericano, es una organización sin fines de lucro que se dedica a promover las artes y la cultura latina en los Estados Unidos. El desarrollo de este proyecto ha sido toda una epopeya que con sesuda labor han llevado a cabo sus miembros fundadores y todos aquéllos que a través del tiempo se han sumado a él.

Nuestra organización está celebrando 10 años de existencia y para ello lanza su primer libro en español, *Corazón y una lengua peregrina*, resultado de años de trabajo ininterrumpido, en el que sus dirigentes se han empeñado para dar a conocer a los escritores de habla hispana.

La culminación exitosa de esta antología no hubiera sido posible sin la colaboración de los miembros que nos antecedieron en la dirección de esta organización, también queremos agradecer a *The Writers Place* por permitirnos hacer uso de sus instalaciones por tantos años, como a The Francis Family Foundation y al Regional Arts Council (ArtsKC), instituciones éstas que suministraron los fondos para nuestro libro, por último a The Johnson County Library por brindarnos un lugar de reunión además de hacernos partícipes de su programación habitual.

– Germán Perilla Díaz
Presidente del Latino Writers Collective

COMENTARIO

Que una pluralidad de voces de lengua española en Kansas City, se unan para configurar, a través de sus poemas y relatos, un libro en un país de habla inglesa, nada menos que los Estados Unidos de América, donde una parte bastante amplia de su población es de habla hispana, donde buena parte de su territorio fue de origen hispano, como lo advierten los nombres de varios de sus estados, y donde, hoy por hoy se debate el país en torno a una beligerante campaña contra lo hispano es un pronunciamiento, un acto literario y en sí, un acto político que reivindica no a la patria como región de origen y cuna de una cultura en la que todos estos escritores crecieron, sino a la entraña madre de esta patria: a la matria, a la materna materia donde el habla se desenvuelve con plena libertad, respirando el aire del porvenir que proviene de un pasado latente, como si estas letras se escribieran bajo el aliento del primer amor, del despertar de una infancia de la que no nos olvidamos.

Esta es la virtud del libro *Corazón y una lengua peregrina*. La defensa de la escritura en español es la defensa no sólo de la lengua, sino de una cultura permanentemente amenazada con la deportación, una cultura de indocumentados, en la que ser hispano es estar marcado por la segregación y estar condenado a vivir con miedo, bajo el acoso y el estigma. Una cultura en la que el español queda relegado a la vergüenza, como si nuestra lengua fuera útil sólo para el sector terciario, para nombrar comidas y exigir trabajos que implican extenuantes fatigas.

Este libro no sólo es un ejemplo de dignificación de una lengua que pide ciudadanía y oficialización, es también una exigencia política más allá de la toma de conciencia, es en sí, la práctica vital de una militancia: el español es nuestra sangre: amemos la expresión más alta de esta lengua, el paso digno de la oralidad del habla a la escritura, la transmisión que resguarda, como la casa paterna, de la inclemencia y el peligro de una práctica del poder dominante donde la búsqueda de la consolidación de la riqueza no trae consigo otra cosa que la deshumanización y la miseria para quienes, desde su origen hispano, aspiran a una vida digna.

Al contrario de la consecuencia de esta belicosa amenaza, este libro que congrega lírica y narrativa logra consolidar un lazo de unión y fraternidad para todos nosotros, los hispanos, que hablamos y sentimos, gozamos y amamos en español, porque desde allí nos nace la capacidad de comprensión y entendimiento.

– Minerva Margarita Villarreal

INTRODUCCIÓN
Multiplicando la subjetividad

Es esencial situar el trabajo colaborativo y creativo de los escritores del área metropolitana de Kansas City y en general del Medio Oeste estadounidense, en un ámbito tanto internacional como local. Esta realidad corresponde a una visión más globalizante y actualizada que concuerda con aquella que viven y expresan los escritores en un Estados Unidos del siglo XXI. Durante muchos años se trató de encasillar la literatura de los latinoamericanos (o personas de ascendencia latinoamericana que habitan en los Estados Unidos) en una otredad irreconocible. La literatura de la clase dominante nos veía como entes separados de la cultura principal. Sin embargo, recientemente los críticos de literatura tanto chicana/latina como latinoamericana hemos tratado de expandir la noción de nuestra producción, ya sea en Estados Unidos como en varios países de Latinoamérica. Y, la mirada hacia los inmigrantes viene enfocándose desde otra perspectiva, incluyéndonos como parte intrínseca del tejido cultural representativo de Norteamérica.

Es imperante afirmar que la literatura chicana/latina ha sido influenciada tanto por la riqueza de más de quinientos años de colonización y enriquecimiento cultural provocado por un mestizaje, que aunque forzado y a la vez de manera orgánica no deja de ser innegable, tanto cultural como físico, como por la rica herencia literaria proveniente desde los juglares medievales hasta el siglo XXI. Este siglo está repleto de escritores inigualables, que representan a una Latinoamérica que había sido invisibilizada en siglos anteriores, por Europa y Estados Unidos. En el caso de los escritores de Kansas City y sus alrededores, es innegable que debemos también considerar las vivencias que estos autores han tenido en Estados Unidos, en un clima que está muy lejos de ser post-racial, como la historia ha indicado recientemente. Sus poemas, cuentos, y microrrelatos, retratan tanto a un país que los alberga y sus difíciles realidades, como a sus países ancestrales por medio de cuyos escritos vemos un lente propio hacia la historia, las sociedades y las cuestiones raciales, sociales y espirituales de una Latinoamérica diversa y profunda, con múltiples entidades e innombrables subjetividades.

En esta antología se ve retratada una España auténtica, por medio de la pluma y tinta del reconocido escritor español, Eugenio González Núñez. Los autores que aparecen en esta antología no han sido simplemente influenciados por su formación o su herencia hispanoamericana, o estadounidense, sino por haberse desarrollado como escritores y pensadores, a lo largo de muchos años. Esta antología consiste en poesía y narrativa. La ficción de los cuentos que aquí aparecen, transporta al lector a un García Lorca en "Ciudad de nubes verdes" o al ritmo de un Miguel Hernández en "Origen," a un cuestionamiento de Borges en "¿Qué Borges no es para lectores hembra?," y al cono sur, por ejemplo, entre las líneas de la narrativa producida por estos escritores que habitan la parte central de los Estados Unidos. Sin embargo, también retratan la nostalgia del inmigrante, la riqueza del ojo explorador del que puede ver lo que sólo los niños en su frescura de la primera vez encuentran en un paisaje del Medio Oeste.

Los temas que resurgen en esta rica antología, definitivamente amplían lo latino, desde los poemas ecfrásicos de Juanita Salazar Lamb, que emergen de una antigua y enriquecedora tradición latinoamericana y chicana, hasta algunas palabras en spanglish. Encontramos en este libro a Germán Perilla Díaz en "Cualquiera puede desaparecer," con la herencia reconocible de Juan Rulfo, que da voz a los muertos y las guerras latinoamericanas, sin las cuales el siglo XX no sería el siglo XX. Llevaríamos un hueco histórico y moral sin la representación de los más de cien mil desaparecidos y torturados en El Salvador, Uruguay, Argentina, Chile y Colombia, sin ir más lejos. También así mismo nos estremecen los acertados poemas de Xánath Caraza y Rogelio Arellano Álvarez, que marcan profundamente cómo la desaparición y posible tortura y muerte de 43 jóvenes estudiantes en Ayotzinapa, México, inocentes e inexplicablemente desaparecidos, nos afecta en este país vecino. Y es que por medio de las redes sociales, somos un mundo mucho más pequeño y más dolido que en tiempos pasados. En esta antología también aparecen poetas establecidos como Norma E. Cantú y Xánath Caraza, reconocidas en el mundo entero, y poetas para los cuales este debut literario significa que han entrado por la puerta giratoria del país, a una literatura refrescante e innovadora.

La presente antología está organizada en dos partes. La primera parte consiste en poesía y la segunda en narrativa: diez autores de poemas y cinco de cuentos y narrativa, y el incomparable Rogelio Arellano Álvarez, autor de microrrelatos y poemas. Así, participan en esta antología once poetas que representan varios países. Las contribuyentes voces de esta antología son diversas e interseccionales tanto en cuestión de género, clase social, edad, y especialmente si hablamos de sus experiencias de vida y país de procedencia, representado ya sea como inmigrante de primera o segunda generación. Las voces aquí incluidas, reflejan un sinfín de vivencias, y a todo un continente, y más. Las emociones que despiertan en nosotros, estos autores, son inesperadas en algunas ocasiones: La ternura de "Durante la noche," la hija que se comunica con su padre en sueños; la melancolía; la distancia; la nostalgia; el exilio; la pérdida de lugares, seres, recuerdos; una búsqueda metafísica y algunas reflexiones filosóficas como en "Elegía," de María de los Ángeles Díaz ¿Qué jugadas da la vida?/y ¿con qué cartas?/ya marcadas".

– Gabriella Gutiérrez y Muhs, PhD

POESÍA

Jessica Ayala
Ciudad de nubes verdes

En el verde se esconden las manos de mi abuelito sembrando papa, choclo y lechuga.

En el verde se escucha el canto de mi abuelita con su guitarra.

El mismo color verde con el que mi papá sueña cuando duerme.

Eres la fruta que siembra la sonrisa de mi Tía Luz.

Eres el olor del café y pan de maíz que camina en la calle sexta, acompañado por las campanas del Santuario de Nuestra Señora de Las Lajas.

Eres el mismo verde en el que por primera vez escuché la voz de Papá Dios el día de mi primera comunión.

Eres el güiro que se escucha en los Carnavales de Blancos y Negros.

Tú no me has olvidado.

En el verde me cantas una canción de alegría anunciando el regreso de su niña querida con flautas, tambores y guitarras.

Estos ojos grandes y cachetes de canela llevan el espíritu de mi gente.

Mi dialecto no es el mismo, pero mi corazón habla diez mil lenguas de español Colombiano.

Yo soy la niña de mi gente.

Yo soy la niña de la tierra que se llama Cuidad de Nubes Verdes.

Norma Elia Cantú
3 Poemas de la serie "Preguntas"

1
¿Por qué?
¿Por qué, toro, por qué?
Corrida dorada, Corrida sorteada
¿Por qué?
¿Lorca o Cortázar?
ordeñándome el corazón
a la orilla del caos he llegado
forro de torre la niebla lo cubre todo.
corre a la orden el picador
sordo como la tarde de toros sin sol
tormenta de
corazón
¿Por qué?

2
¿Cuándo?
Hay épocas de vacas flacas
Y épocas de vacas gordas.
¿Cuándo llegaremos?
¿Cuándo?
Se lo preguntan los enamorados
Se lo preguntan las amantes
Se lo preguntan los niños ansiosos
Se lo preguntan las niñas traviesas
Se lo preguntan aquellos cerca de la muerte

Se lo preguntan los que esperan
Se lo preguntan los que desesperan.
¿Cuándo?

3

¿Quién?
Dime con quién andas y te diré quién eres.
¿A quién perteneces si no a ti misma?
¿Por quién lloras, cuando lloras, por quién?
Dime por quién lloras y te diré quién eres.
¿Por quién sufres?
¿Quién fue?
¿A quién buscas?
¿Con quién estás?
¿Si supieras quien, a quién se lo dirías?
¿A quién?

María de los Ángeles Díaz
Quién te dijo a ti mujer de Lot …

¿Quién te dijo a ti mujer de Lot que la visión es limitada?
poner los ojos sobre el incendio hizo de tus labios sal

tú vuelves la cabeza al combate entre cielos estrellados,
entre Sodoma y Gomorra, el desierto se prendió

Dios que te dio los ojos para mirar de frente
¿por qué vuelves tu cabeza para mirar atrás?

¡Ahora pagan todas las mujeres tu desobediencia!

Las que aventuran con los ojos, mirar por todos lados
las que ven para atrás en el pasado

las que se inclinan para ver en los abismos y los ismos
las que ven para arriba y piden, las que ven para abajo y lloran

las que ven para adentro, no se diga, esas están proscritas
las que ven las injusticias, están malditas
las que ven por los otros son ingenuas
las que toman las armas están muertas

las que protestan están encarceladas
las que usan falda corta son juzgadas

las que hablan de más son parlanchinas
las que se ríen, libertinas

las que sueñan utopías, son dementes
peligrosas son todas y más aquellas, que tienen ojos de futuro

siluetas liberadas en el fuego, cuando miran la luz de la conciencia
farol en el desierto, tu vida se extinguió como una llama

si Dios te dio los ojos para ver
¿por qué te quemó viva?
y viva estás en todas las mujeres
que tienen un mundo iluminado.

María de los Ángeles Díaz
Llorar

Llorar fuerte, como el náufrago perdido,
como el preso, en la humedad del suelo frío,
llorar por miedo
por amor
por gusto
llorar por joder a los inquilinos,
llorar por tener ojos
y por los poros
porque el tiempo se va,
llorar con los pies
por las axilas
llorar como las viudas en los cementerios,
llorar de risa
pero sin prisa,
en medio de la calle
y con sombrero
llorar patas arriba,
en el circo
en el teatro
llorar en argentino, en italiano
llorar a mares enfrente del espejo
seguir llorando como animal en celo
llorar a secas sin voz en la garganta
llorar llorando con insultos, con gritos
porque me duele la singular ausencia
llorar en los viaductos, en los trenes
en los bares para que todos me miren,
llorar en grupo
a solas
o enfrente del siquiatra
llorar con pelo,
con estilo, con rabia
con mantilla y velo
llorar sin pelo,
como geisha

a caballo,
a rajatabla,
de amarillo
de rojo
llorar por mí
porque sí
y porque no
porque después de ti
no hay nadie,
ni nombre
ni pronombre
ni sujeto
llorar como Dios,
y llover entero,
y arruinarles la tarde.

María De Los Ángeles Díaz
Elegía a Elise Cowen

Parece que se amaron
Elise and Ginsberg

parece por un momento
que el amor pudo más que la locura

buena amiga la poesía
no tanto para salvarla de la muerte
sino para salvarla de la vida.

¿Qué hace una mujer llorando por un hombre?
¿qué hace una mujer sufriendo?

¡qué jugadas da la vida!
Y   ¿con qué cartas?
¡ya marcadas!

Eloísa Pérez-Lozano
Poema en español

Aquí estoy, pero a lo mejor no puedo hacerlo... ni debería de empezar pero bueno, ya me armé, así que allí voy, como en una montaña rusa...

¿Me disculpas?

Porque mis oraciones no fluyen como un río...

En la escuela, sólo crecí con el inglés y nunca aprendí a cantar, ni a hacer a las palabras bailar, ni a crear obras de arte con mi español.

¿Me disculpas?

Por palabras que me falten porque nunca las aprendí...

No sé cómo evocar algo en ti con un vocabulario que, como al árbol de mi ser y entender, le falta crecer y florecer, enderezarse con más confianza en sí mismo.

¿Me disculpas?

Por mis estrofas, disparejas y sin adorno...

Es que soy demasiado franca, no me gusta describir con tantas palabras, pero espero que las que escribí dejen su huella en tu memoria, como un balazo directo al corazón.

Pero a pesar de todo eso, sigo siendo adicta: a las palabras, a los sonidos, a las letras que no existen en inglés, que me abren más puertas.

¡Uy! Que mareada quedé. La primera vez es la más difícil, ¿no es así?

Eloísa Pérez-Lozano
Mi Bilo

Pensando en ti, te extraño
el culto y gran doctor
"Mi Bilo" te llamaba
con alegría y amor

Tus ojos siempre sabios
brillaban con bondad
me conocías de bebé
me enseñabas la verdad

Sentado en la terraza
meditando siempre en paz,
pensando en el futuro
por un momento más

A Houston tu venías
trayendo acá tu amor
pa' tu hija y su familia
tu cariño y tu calor

Aunque no te escuche
tu espíritu está aquí
en gestos de mi madre
tú sigues junto a mí

Su estornudo anuncia
tu presencia total
y la nariz de pompis
es la tuya tal cual

Y tiene tu sonrisa
con la felicidad
que siempre emanabas
con tanta libertad

Aún no me acompañas
pero dentro de mí estás
me guías por mis poemas
palabras que me das

Desde aquel bello cielo
tu apoyo brindarás
y cuando a mí me toque
allí me abrazarás

Martín Torres
El beso de un hombre

Tal vez él no tuvo uno en su infancia
¿Cómo saberlo? Es tanta la distancia.
es tanto el polvo, el dolor y el tiempo
y son tan pocos los recuerdos.

A lo mejor por su temprana orfandad
sólo tuvo que caminar y caminar
dedicándose solo a trabajar y trabajar
había que ganarse la vida y el pan.

Tenía que luchar contra la adversidad
contra el hambre y la necesidad
por eso y a tan corta edad
un beso no era una prioridad

Como todo el mundo sabe
heridas no pueden volar las aves
y que para remediar los males están los bienes
pero no puedes dar lo que no tienes

Y así, mis mejillas pálidas y trémulas
Se quedaron esperando esa ternura
La que debe provocar el beso de un hombre
El que nunca llegó, un beso de mi padre

Gabriela Ybarra Lemmons
Origen

Quiero, que te quiero mucho
que te quiero decir
mis recuerdos vienen
como chorros de agua inundada,
como terrón   de campo
cosecha   de espalda torcida
manos ampolladas
            y piel de amoroso sol

Quiero, que te quiero mucho
que te quiero decir
mis recuerdos son de un río bravo
            y de la tierra

Quiero, que te quiero mucho
que te quiero escribir
                        porque

Quiero, que te quiero mucho
que te quiero decir
sin agua y terrón no hay raíces.
                        porque
quiero, que te quiero mucho
que te quiero decir

sin agua y recuerdos no hay origen.

Gabriela Ybarra Lemmons
Retoño

cañaverales   susurran a los que alcanzan el otro lado

descansa aquí   entre víboras y machetes

descansa aquí   bajo la luna conjurada

amanece comienza   la cosecha santuarios en llamas
                              pero un cuerpo solo puede retener tanta agua

                    el fuego   no se ahoga
                                             por miedo o fuga

feroces vientos del norte se despliegan

Dios mío

plumaje rodea ceniza retoza

son difíciles de distinguir   desde lejos

                    un susurro reanuda

                    descansa aquí entre víboras y machetes

                    descansa aquí has alcanzado el otro lado

Rogelio Arellano Álvarez
Semilla de sal

Cuando el velo del tiempo se rompa
mis lágrimas, serán lluvia que calme tu sed,
la que ahogue mi sombra en tu memoria.
Mi aliento, será copal bálsamo en tu piel,
esencia de tus alegrías sin lutos.
mi voz, oración en tu sueño
plegaria mágica en tu camino.

Me bebí la vida, y pronto,
mis huesos serán tierra
que nutre nuevos universos,
mi calor, será cobijo en tu aislamiento
y rocío en tus despertares
cuando el pensamiento duerme

Devuelvo agradecido los elementos que me forman,
Seré raíces, grillos, savia, arcilla,
espuma, lodo entre tus pies
y al fin ceniza

dejo en tus manos el poderoso silencio
hacedor de tus milagros espontáneos

Me llevo en el corazón la fuerza de tu palabra,
el perdón de tu mirada,
y un momento en tu eternidad.

Pronto, más allá del obscuro lienzo
desde la estrella que me toque reanimar
volveré a escuchar tu risa

seré testigo de tu metamorfosis,
de tu felicidad desbordante
y de tu días vacíos,
y entonces, todo habrá valido la pena

Rogelio Arellano Álvarez
Estación primera (Equinox)

Ya husmea la primavera los rincones,
indecisa y somnolienta
iluminando a la serpiente,
agitando un árbol,
desperezando ardillas
calculando los destrozos del viejo blanco

Acaricia las grietas con mano tibia
coloreando la simiente
reanimando tulipanes y reparando sueños

Llorando por las tardes
con brisa plateada
la ausencia del ave escarlata
que ya no llegó a recibirla.

Rogelio Arellano Álvarez
Espejismos

No te enamores de mí
No escribo para colorear tus sueños
Soy en el agua
Escribo para despertarte al animal

No soy inspiración divina
Soy la magia que perdiste en un descuido
Soy en el aire

No escribo para complacerte
Soy en el humo
Escribo para incendiar tus entrañas,

No soy tu estrella ni tu guía
Soy el nervio de tu alma desollada
Soy sal en tu piel abierta

No escribo la ley ni el mandamiento
Solo soy delirio tóxico
Escribo la duda en la piedra de tus creencias

No soy la brisa del alba
Soy el niño que olvidaste
En una esquina de tu espejo

No escribo el verso de amor que te humedece
Soy el verbo de tu hoguera
Soy la entrelínea obscura de tu obsesión perversa
Soy el código erótico de tus demonios reprimidos

No te enamores de mí

Rogelio Arellano Álvarez
En el jardín de la mala hierba

Muy cerca del mar
donde cae herido el sol
sangrando el horizonte
hay cuarenta y tres flores quemadas,
que perdieron sus colores
mientras soñaban.

la mala hierba les arrancó sus risas,
sus cantos, sus pétalos,
y la brisa de su ensueño.
mientras dormían

se fueron sin saber
que en el estanque de promesas
sólo la mala hierba crece,
incontenible, poderosa,
hambrienta, ambiciosa.

Bebe sangre y no se quema,
el caos se engendra en sus espinas
y el engaño distorsiona su reflejo
en el fango de su historia impune

con el fuego se elevaron,
mas allá del viento
donde el dolor no llega
cuarenta y tres flores quemadas
con aroma de ceniza
van buscando en el humo su respuesta
y en su esqueleto la esperanza

El jardín de la mala hierba
Está tranquilo, indiferente,
lo inunda el tiempo,
y las raíces de cuarenta y tres flores
se pudrirán en el olvido.

En el jardín de la mala hierba
se escurre un día común
donde nunca pasa nada
mientras cuarenta y tres flores
se quedarán dormidas

Lupita Vargas
Palabra que regresa

Soy la boca de la palabra que regresa,
la que siembra febreros y medusas en su cama.

La que no le importa olvidar
el color de la eternidad
porque sabe que el alma nunca se equivoca.

Desato de mi pelo las golondrinas negras del deseo
para beber el aguamiel de caña brava
que se me escurre entre las palmas.

Ando sobre silencios blancos
por donde nadie caminó jamás
tejiendo marzos y abriles ...
que nadie nos encuentre
para que no nos despierten ...

Lupita Vargas
Añoranzas

Hoy es uno de esos días
que el viento me trae olor a caña,
que el rojo de mis cielos
es el espejo fiel del campo en llamas

Hoy es uno de esos días
que la añoranza me arrastra
hasta las voces amadas en la distancia,
a los surcos felices de mis pisadas

Esta luna que hoy me arrulla,
no es la de jazmín y magnolia,
aquellas del jardín que parieron las manos
madre,
con olor a leña y agua santa

Mis ojos sacuden tiznes fantasmas
que ya no manchan mi falda blanca,
mis prisas ya no me llevan
a las torres de mi infancia

Hoy es uno de esos días
que el nudo de mi garganta
sobrevive de esperanza,
que el olor de la montaña
me llaga de la memoria intacta,
y estos fuegos ficticios estallan
sin ningún sacro motivo de existir
en la noche callada

Hoy es uno de esos días
que el dolor me arrastra
hasta la tierra que endureció mi planta,
para verla
pisar fuerte,
subir alto,
correr al lado
de la melancolía y dicha por igual ...

Hoy es uno de esos días
que el viento se endulza
con el sabor de la caña,
y con los ojos sacudo tiznes fantasmas.

Marta Silva-Serrano
Vosotros

Atardecer,
el hidalgo acento de mi Castilla,
primitivo, rugoso,
apisonadora sobre la ternura de los hijos de Aztlán.
Leve la mueca, pálida.
No existe esfuerzo que mida en números el impacto
sobre dos ojos despavoridos del rostro que enfrento.
Un recuerdo tácito. El bautizo del lóbulo temporal nativo
que finge introducirse en la divina estampa de dioses barbudos.
Los cabellos finos se abanican suavemente
dibujando el océano que nos separa
en vertical.
La tez sombría se torna en otro ahogado de la historia,
quinientos veinticuatro veranos al sol sin hallar términos
que arranquen heroísmo a mis protagonistas y doten de alma a
los vuestros.

Amanecer.
Bofetadas con mi cargamento de erres, cetas, elles
mejillas adornadas de los que balbucean eres, eses, eyes.
Si acaso el éxtasis no ocurre de inmediato
un espasmo en la inquieta garganta
y surge el genio de saliva que colecciono en músculos gigantes
de un pasado gutural que me ha catequizado en genocida.
En ocasiones, sin piedad, derribo complejos de desniveles
absorbidos
con mensajes naturales que me convierten en sublime,
altiva, distante, clara mi palabra que sólo halla refugio entre mis
labios:
VOSOTROS.

De cuando en vez,
las identidades del año noventa y dos
el siglo quince, el sexto grado, me derrotan y
como el que ofrece limosna,
abro un párpado, aprieto la lengua sobre el paladar
y con suavidad, pretendo auscultar la ristra de eses infinitas,
melodía teñida
de cadencias, titubeos absurdos que desembocan en Antigua,
Michoacán,
Buenos Aires, Kansas, o Cali.
Al final, todos siameses del silencio oculto por
sus propios herederos, inseguros alientos que surgen de una
existencia ilimitada
aprendida, diseñada por padres y abuelas, por la boca que
anuncia el informe
tardío en la pantalla, por maestros que fingen desconsuelo y
participan
en la esclavitud terrorífica de los valores lingüísticos y morales.
El silencio de vuestra identidad,
La voz que os ruge,
El orgullo del sucesor apartado de la historia
En la tierra de nadie
Donde todos simulamos falsas humildades
Y así no sentirnos
Tan profundamente
Aislados, culpables, desorientados.

Nuestro VOSOTROS es vuestro USTEDES.

Marta Silva-Serrano
Bienaventurado

Escucharte.

La violencia que tumba al razonamiento
ahí afuera
la desesperación que te alcanza
desde las madres,
detrás de los lentes, por encima de los sollozos,
desarmadas,
y tú,
debajo del uniforme extraño,
construyendo un equipaje ajeno a tu historia
maldiciendo lo sagrado que te alimenta el cuerpo,
el alma,
nunca,
recreándote en la carcajada que surge del desconsuelo
irrespirable, inmensa
la carcajada,
Carcacas,
ja,
hada.

Escucharte.
Aquí dentro, los ladrillos y el azul,
las correas, el presuntuoso paisaje
detrás de la cruz,
debajo del uniforme,

Escucharte.
Trasladarme a tu historia,
a la furia que tumba al conocimiento,
a la bondad que ya no existe.
Extraño.

Extenuante.

Marta Silva-Serrano
Taladro

Yo
no menciono amor.
mis bolsillos andan ocupados por una duda,
agujero negro del compromiso,
el lugar mío.
Encontrar, mantener,
la colcha nocturna.
El sarcasmo es igual que la noche.
Yo no abrazo,
no caigo en el precipicio de la sinrazón,
la demencia.

A ti
No te amo,
ni apenas a alguien.
Custodiar la existencia tuya,
sustentar el vacío físico.
Una cuna con pasajeros intermitentes.
Estrellas sobrevolando
la ternura.

Yo
no tengo una alianza con el sosiego,
consuelo,
paz balsámica,
fragancia de arbustos en llamas
que griten mis letras,
tropiezos en el espíritu
vecinos de rencor
sin pretérito.

Yo,
pendiente de un anzuelo
mágico.

Marta Silva-Serrano
Y mirarte y

Con la crema, el té
ésta y no otra

te extraño ya
la de los instantes súbitos nocturnos
te amo hermana
el texto que llega en mayúsculas
y se ilumina
ésta y otra no
leales las puertas y ojos
y ánimo
entendimiento del espíritu
hermana del alma
el té con la magia del sur
como nuestra selva, la mesa de cocina
a pesar de
ellos
las opacidades
tiñendo el brillo canela del iris
el de ésta y no, ninguna
más
el océano que nos adhiere
pero el mío es otro
como tú, hermana, otra
aunque desde lo insondable
conectada
bellos los vocablos
la melancolía
el deseo de desorden
te extraño ya
hermana
no te alejes

Gloria Martínez Adams
El último día trajo el entendimiento

Ya entendí porqué papá guardaba el algodón de los frascos de
medicina y comía el pan duro de la bolsa arrugada que tenía dos
semanas de estar sobre la mesa

Ya entiendo porqué papá se ponía el mismo sombrero manchado,
el mismo desde 1925 colgándolo en el mismo clavo después de
la epifanía de cada mañana, en el jardín, una capa más de sudor
fresco dentro del borde de su sombrero

Ya entiendo porqué papá tejió las ristras de chiles rojos,
trenzándolos cuidadosamente uno a uno para no lastimar la
suave pulpa que alimentaba el fuego de su pasión

Ya entiendo porqué a los 96 años el toque eléctrico de su cuerpo
perfecto atravesó mi cuerpo como centella, en el instante en que
sostenía la cama con una mano, mientras yo le ayudaba
apretando un tornillo;

Entiendo porqué mi padre antes de morir se pasó todo el día
quebrando una bolsa de nueces llenando hasta el borde las latas
de cinco libras de *Folgers* de dulces pedacitos de nuez "para que
todos tengan suficiente," decía.

Entiendo ahora por qué mi padre llamó al cura ese día por qué
le temía a la muerte, pero no quería admitirlo lo llamó; no para
confesarse, sino, para una visita cordial pidiendo la absolución a
su manera

Entiendo ahora porqué el último día de su vida, mi padre
caminaba débilmente y cayendo al lado de su cama, con sus
rodillas firmes sobre el suelo, rezó un rosario por todos los
muertos de la semana, sin saber que la suya estaba cerca.

Ya entiendo porqué mi padre en el último día de su vida, levantó los brazos hacia el cielo para tomar aliento y preguntó antes de cerrar sus ojos ¿Fuiste a misa hoy?

José Faus
En un rincón

En la mañana pidió mi nombre
Le di seis, y en la tarde me dejó con tres
Con la noche me sentí
parte de algo Nuevo
pero extraño de mi vida

En los días que siguieron,
semanas, meses y años,
viví aparte
No probé la pulpa
de la guanábana,
la avena ni el perico,
con las cebollas y tomates
que crecían en el jardín
al lado de la casa de mi abuelita,
ni la leche que llegaba cada día,
fresca con una capa de nata

Después de cuarenta años
me encontré en un rincón
sentado en la silla
más cerca de la calle
en una mesa alumbrada
por la llama de una vela

Acostumbrado al peligro
de las memorias
oí pero no creí cuando me dijo
éste es el sabor de tu tierra
Ordené el perico con tomate y cebolla
la yuca frita y la morcilla
un jugo de guanábana
y un vaso de avena
En esa noche interminable
comí y conocí todo
lo que cuarenta años habían negado

Cuando pagué la cuenta
él pidió mi nombre
Le di seis nombres firmes
un abrazo fuerte
y lágrimas con mi propina

José Faus
Me despertaste

Me despertaste esta mañana con tu sonrisa
llegando del otro lado del mundo
adonde los barcos casi alcanzan a navegar
Los remeros acostumbrados a largas distancias
descansaron al lado de la cama
las olas arenas y diamantes
que iluminaban tu sonrisa

Me despertaste esta mañana con tu caricia
lejos de mi cuerpo consolado
de la rugosa cobija arrugada
como un manto de espinas
Arrullaste mi grito
con la luz de la rosa de los vientos
y las perlas de tu caricia

Me despertaste esta mañana con tu gracia
plena en tus labios y besos
en el cariño de tus dedos
Como un lázaro me desperté
despojado de los años
que ayer pesaban pero hoy
se queman en los rayos de tu gracia

Xánath Caraza
Espuma sangrante

Para los 43 estudiantes de Ayotzinapa

Este mar que lame la arena
Olas hambrientas
Testigos sonoros
Luna de agua con ojos quietos
Inmóviles palmeras mudas frente a mí
Caminan los rayos del amanecer en las calles
Marchan ante el contenido rugido del mar
Aves migratorias en el horizonte
Con ellas vuelo
Arena salmón lamida por la espuma sangrante
Mientras cuarenta y tres niños perdidos
Gritan en tus líquidas rojas entrañas
Aullidos sordos, aullidos sordos
En este mar estático que ruge
Ruge mar, ruge, ruge sus nombres
Para la eternidad

(11 de octubre de 2014, Acapulco, Guerrero, México)

Xánath Caraza
Joya de Cerén

Tiemblan mis pasos de barro al entrar.
Mi barro, tu barro, barro negro, barro mono
barro pez, barro rojo, barro flor, barro, barro,
barro antiguo, barro duro, barro hoja, barro, sólo barro.

Aroma a guayabas se tatúa en la boca.
Recinto sagrado, lugar de los abuelos sabios
de las abuelas lectoras del futuro
futuro de cenizas, futuro volcán.

Corazón en la mano ofrezco.
Corazón de barro, corazón palpitante
corazón rojo, corazón sangrante.
Me hinco ante ti barro sagrado.

Cantan los pájaros, los pájaros cantan,
cantan, cantan, cantan la voz del pasado,
la sombra del ayer, canción de hierba,
cantan, cantan, cantan, cantan.

(La Libertad, El Salvador, 14 de agosto de 2014)

Xánath Caraza
Aterrizando en St. Louis, Missouri

La misma noche que aterricé en St. Louis, MO
se subastó el traje de león cobarde
de la película el Mago de Oz
esa misma noche al tocar tierra
la mujer junto a mí preguntó
qué si St. Louis, MO era mi último destino
ella no estaba segura de poder
llegar a casa porque la calles
estaban tomadas

la noche que aterricé en St. Louis, MO
mi vuelo llegó retrasado

la misma noche que aterricé en St. Louis, MO
el aeropuerto estaba lleno de policías
con perros que olfatearon mi maleta
llena de libros, mis armas secretas

la misma noche que aterricé en St. Louis, MO
pensé en el río Hudson
en los colores que absorbí
ese otoño amarillo de hojas de árboles
de ginkgo en la acera en Brooklyn
frente a la galería donde había leído

también pensé en la noche de tormenta
en el cuarto piso donde el viento
aullaba frente al Hudson
y yo en pijamas escuchaba
hipnotizada sus ritmos

la misma noche que aterricé
en St. Louis, MO me urgía llegar a casa
y escribir un poema

esa misma noche, en el aeropuerto
me pregunté si no estaba en Latinoamérica
donde ver pasar policías armados
en las calles es el pan nuestro de cada día

esa misma noche cerca de las 8 y media
Ferguson se llenó de llamaradas

esa misma noche algo dentro
de mí se rompió de golpe

esa misma noche sentí que eran
43 + 1

esa misma noche sentí
tristeza

la noche que aterricé
en St. Louis, Missouri

la noche que aterricé
en St. Louis, Missouri
me recordó que la vida
no la tenemos comprada

que es frágil, que no es nuestra
que aquí estamos de paso
me recordó que soy afortunada
de escribir estas palabras
de tener el espacio donde
manifestarlas

me recordó que tengo una voz
que quiero usar apropiadamente
que tener un espacio como La Bloga
es un santuario en esta selva

esa misma noche pensé que diez
años eran 3,650 días y que en cada uno
de esos días Manuel, Lydia, Daniel,
Em, Melinda, René, Amelia, Rudy,
Ernesto, Olga y Xánath hacen posible
La Bloga

luego pensé, al aterrizar en
St. Louis, MO que esos 43 + 1 no estaban
que no estaban, que nunca leerían
mis palabras

que esa noche
que aterricé en St. Louis, MO
hacía frío y que las imágenes
en el televisor de uno de los bares
frente a la sala E22 eran de fuego puro

que era lunes 24 de noviembre
en St. Louis, MO

también pensé en una noche en
la playa, en una fogata tan grande
que alcanzara la luna

la noche que aterricé en St. Louis, Missouri
pensé en ti, Michael Brown, pensé en ti
pensé en ti, niño perdido, pensé en ti
pensé en ti, 43 + 1, pensé en ti
pensé en ti, en ti, en ti, en ti
en ti, en ti, pensé, en ti, en ti
en ti, en ti, ti, ti, pensé
esa noche, al aterrizar

Juanita Salazar Lamb
Durante la noche

Como un suspiro en la noche
Me diste unas alhajas
No eran de oro común
No tenían ni piedra, ni caja

Me dijiste que me querías
Con todo lo que se puede amar,
Y aunque no te vea
A mi lado siempre estarás

Cuando despertó la mañana
Me acordé y miré hasta allá,
Donde pasaste la noche
Ahora solo tu imagen, Papá

Juanita Salazar Lamb
Guadalupe

Corazón desbordante, ámanos
Protectora de tus hijos, cuídanos
Madre sencilla, enséñanos
Auxilio de los desamparados, inspíranos
Emperatriz de la familia, reina sobre nosotros
Madre de los Salazar Hernández, la nombramos abuelita

NARRATIVA Y MICRO-RELATOS

Xánath Caraza
Los cocodrilos

El verdadero problema fueron los cocodrilos. Los tiburones que llegaron hace veinte años, quién sabe de dónde, los fueron pescando uno a uno los valientes pescadores de Burano. Los mandaron a llamar, más por la fama de sus abuelos que la propia. Se hicieron fotos con los tiburones colgando y los arpones, que sirvieron más de adorno que otra cosa. Los cocodrilos sí fueron un problema, de pronto las mascotas, las más pequeñas, y algunos gatos callejeros, casi adoptados por las casas frente al canal grande de Murano, se desaparecieron.

Las sospechas empezaron cuando una señora que caminaba con su perrita muy temprano por la mañana la soltó y la perrita curiosa, sin saber que sería la última vez que lo hiciera, se asomó al canal atraída por el inusual movimiento del agua. La señora, sin preocuparse, se dio la vuelta para fumarse un cigarro, como lo hacía usualmente, y ver unos collares de cristal rojo en uno de los tantos aparadores muy cerca del museo del cristal. La perrita nunca apareció. La señora se cansó de llamarla toda la mañana, no dejó de fumar ese día pero la pequeña Zucchini, así se llamaba, nunca apareció.

Primero sospecharon de unos corredores americanos que recién habían llegado a la isla de Murano pero ya se daban a conocer muy temprano por la mañana con sus recorridos por la isla. La policía los interrogó y nunca encontraron ni rastro de la Zucchini.

Luego vino el agua alta en luna llena y ese sí fue un verdadero problema. Los cocodrilos, ya más acostumbrados al terreno, conociendo las costumbres de las personas, empezaron a caminar junto al canal. A veces, como buenos cocodrilos, se quedaban entre los botes y solo se veían sus dos ojos brillantes. La gente primero pensó que eran luciérnagas rojas pero se desaparecían de repente y, luego, volvían a aparecer en medio del canal. A veces se veía un montón de lucecitas rojas en medio de la laguna que siempre se movía de par en par. Luego los sonidos raros, casi como rugidos, por las noches. Cuando llovía por veinticuatro horas seguidas, seguro se veían en la superficie acechando cualquier posible víctima, aunque fuera en plena luz del día.

El colmo fue cuando aparecieron los botes flotando a la deriva en el gran canal de Murano. Nunca hubo rastro de sangre. Nadie supo cómo le hicieron. La gente dejó de andar cerca de los canales por la noche, si lo hacían iban en grupos, de por lo menos cuatro, y armados con escobas, resorteras, libros muy gruesos o lo que encontraran por ahí. No faltaba quien sacara los arpones, medio oxidados, de los armarios de los abuelos.

La población de palomas y gaviotas empezó a decrecer en la isla de Murano, eran los cocodrilos que se las iban comiendo poco a poco a falta de carne humana. Nadie decía nada porque no querían que los turistas se espantaran. Afortunadamente los turistas eran tantos que con el ruido que hacían espantaban a los cocodrilos. El problema era cuando alguno que otro se quedaba hasta la media noche solo, a esos, casi siempre se los tragaban los cocodrilos, pero nadie decía nada y al otro día muy temprano los botes que recogían la basura se apresuraban para barrer los sombreros o cámaras fotográficas que quedaban como única prueba de su existencia. Sólo se rumoraba que los cocodrilos se habían comido a otro visitante pero nadie decía nada. Una noche, una señora, ya mayor de edad, que vivía frente al gran canal quiso salvar a uno de esos turistas desprevenidos que se quedó más allá de la media noche tomando fotografías. La mujer estaba sentada en la ventana, por tanto calor y humedad. Esa noche cuando vio lo que pasaba, prendió la luz y empezó a dar de gritos para espantar al cocodrilo. Le tiró, al cocodrilo, desde su ventana todo lo que pudo alcanzar, una maceta con flores rosadas, un florero de cristal rojo, un elefante también de cristal. Las luces de otras casas se prendieron y sólo algunos se atrevieron a salir a los balcones, para ver con horror, cómo el pobre y solitario turista era arrastrado al canal. No había ni rastro de sangre al otro día. Nadie dijo nada, ni una palabra del asunto, y la señora, misteriosamente, fue llevada a un manicomio a la siguiente semana. Todos se quedaron en silencio. Nadie dijo nada, ni una palabra.

Los cocodrilos han desaparecido. Ya se puede caminar por las noches tranquilamente por el gran canal de la isla de Murano. Eso es lo que rumora la gente. Ayer llovió todo el día y parte de la noche. Esta mañana alguien encontró seis libros de poesía tirados cerca de un puente. Eran seis libros de la biblioteca pública de la isla de Murano. Uno de los vendedores de cristal, que se levantó muy temprano, los llevó de regreso a la biblioteca y borraron con cuidado el registro de la poeta chicana que había ido a Murano a pasar un verano para escribir un poemario. Nadie dijo nada. Ni una palabra del asunto. Parece que los cocodrilos no se han ido del todo de la isla de Murano.

(Isla de Murano, Venecia, Veneto, Italia, 15 de junio de 2015)

Xánath Caraza
Jueves

La tristeza de Max me llegó de golpe un jueves por la tarde. Fue fulminante. Me invadió toda, se posesionó de mí. Tenía su nombre, literalmente, grabado en la frente. Lo podía ver. Sólo tres letras, sólo tres. Usualmente pienso colores, siento colores, huelo colores, veo imágenes pero ese jueves por la tarde, casi noche, sólo sentí como si me grabaran con fuego esas tres letras. Como si del más allá comenzaran a grabar en la piel de mi frente M– A– X con fuego vivo, un fuego amarillo y bermejo, fuego azul y verde, fuego que no se extingue, fuego infinito, que incluso ahora, mientras escribo estas líneas, fluye.

Era una tristeza universal, quise pensar pero no, era su tristeza en mí. Era la tristeza más profunda que había sentido en muchos años. Era una tristeza que casi había olvidado. Era y es una tristeza como la que sentí cuando te perdí, hace ya tantos años, décadas. Entonces era muy joven. Entonces ni cuenta me di que te habías ido. Pero ahora, quizás con un falso sentimiento, quizás con una falsa esperanza, con más ganas de creer que puedo ayudar, que todavía hay posibilidades, creo que algo he de hacer por Max. No estoy segura de qué hacer en realidad, sólo lo pienso, veo a Max cuando me voy a dormir, cuando me despierto. Tengo casi un mes de pensarlo constantemente y no entendía por qué. El jueves lo entendí. Mejor dicho, lo sentí. Me quemó. Vi las letras de su nombre con fuego en mi piel.

Tenía miedo de que uno de mis libros hubiera sido el que comenzó esa tristeza. Sabía que lo estaba leyendo. Ese libro mío está cargado de tristeza, yo lo sabía, lo sé. Quise convencer a los editores de que era un libro sobre viajes, un libro de meta-ficción. Pero yo sabía que en realidad estaba cargado de tristeza, de pérdidas que a través de los años pude recolectar, unas veces como protagonista de ellas, otras como mera espectadora, todo a través del tiempo. Tristeza que guardé en las líneas, que se quedaron en los diseños de las letras, que exorcicé cuando escribía cada una de ellas en el papel. Pero que cuando ese libro mío se abre, como caja de Pandora, la tristeza contenida también entra de golpe, disparada directo al pecho de quien lo lee.

Todavía me gusta escribir con pluma y papel. Me he rehusado a usar computadora para un primer borrador. Me gusta que esos sentimientos guardados se queden inyectados en las células de las fibras de las hojas de papel. En las mitocondrias, en el núcleo, en la pared celular. En ese microcosmos que forma la hoja de papel, que absorbe la energía.

Hoy es un sábado de otoño, son las dos de la tarde y la luz de afuera hace que la tristeza de Max sea más intensa. Luz de octubre anaranjada y amarilla, tapices terrenales. Hojas rosadas de otoño esparcidas en la atmósfera. Ayer lloré el día entero sintiéndolo. Le comenté a Carmen que se me había metido la tristeza. No le dije por qué o por quién. Sólo que como un espíritu, como un soplo de recuerdos, me había entrado de golpe. Caracoles marinos lamentándose entre la furia de las olas. Un nudo doloroso en la memoria. Carmen quiso saber qué hacía cuando estaba triste. Llorar, le contesté. Eso hice. Lloré en el auto. En mi oficina. En casa. Antes de entrar a una junta. Entre clases. Lloré mientras me bañaba, mientras cocinaba. Lloré hasta inundar la mesa de trabajo donde escribía estas líneas y confundir el sonido de mis lágrimas con el sonido de la lluvia.

Vi cómo mis lágrimas borraban su nombre. Lo iban disolviendo. La tinta empezó a correr entre las otras palabras. Entre estas palabras. Su nombre incompleto como él. Su nombre fracturado. Su nombre con vestigios de una M a medias, que se distinguía mejor que las otras letras. Letras, ahora, convertidas en tristeza líquida. En río de mercurio milenario, en su tristeza, esa que me penetra.

Quizás nunca regreses de ese viaje triste. De ese viaje al fondo de tu alma rota. Quizás te tome años en volver, pero ¿Qué diferencia hacen los años, los días, las horas o los minutos cuando la tristeza es la misma? ¿Qué diferencia hay? Si la intensidad es la misma. Ya no se distingue el tiempo porque la tristeza es la misma. Ya no importa cuándo se llega al fondo. Oigo tu tristeza en cada una de mis letras. Cada una con sonidos individuales, notas musicales agonizantes.

Pienso en tus sonidos. En tus sonidos orgánicos que nunca volveré a escuchar. Pienso en tu sonrisa diluida. En esa sonrisa que me sedujo cuando te vi por primera vez. Tú me viste primero, con intensidad en los ojos. Esos ojos negros, callados. Se clavaron en los míos y sonreíste. Caminaste hacia mí y sonreíste. Luego escuché tus sonidos. Tus palabras. Inhalando y exhalando sílabas, ritmos del cuerpo. Sólo veía las palabras brotar como aliento divino de tu boca. Me abrazaste con calidez. Seguiste hablando y sólo veía notas musicales. Humo lingüístico a tu alrededor. Niebla de fonemas dorados cubriéndote.

Pienso en tus sonidos tristes. Siento tu tristeza. ¿Es que acaso regresarás a este plano existencial? ¿Es que volverás a mí? Te muestro el camino. Te llamo con el pensamiento con poesía. Pronuncio tu nombre para que desde la oscuridad me encuentres. Para que escuches la canción que entonamos juntos una vez. Para que la cantes conmigo una vez más. Tan sólo una vez más. Flautas dulces llenen tu pensamiento. Notas altas, notas bajas te guíen hasta mí. Sonidos contrapunteados te encuentren. Chirimías de antaño iluminen tu camino. Sonidos cristalinos, sonidos dorados llenen tus ojos negros y me distingan, entre la gente, una vez más. Tu nombre aún arde en la piel de mi frente. Hace frío esta noche.

Sofiana Olivera Abalán
Mendigos sobre un banco de oro
(Fragmento de una novela histórica)

Lima, 1914

El día que salí del Santa Ana tuve la certeza de que nunca regresaría a Cerro de Pasco, que con la burda y acordonada cicatriz que ahora cruzaba mi estómago, Umberto Gallo siempre sería una sombra en mi vida y que en esta ciudad desconocida, nadie me esperaba. Antes de salir, me despedí de todas las enfermeras que me cuidaron, en especial de la Rosita quien todas las noches me traía un plato de comida, y fui a la capilla por última vez a agradecer a Jesusito por ayudarme a ganarle la batalla a la fiebre. Era ya otoño y la brisa fresca acarició mi cara, se sentía bien, refrescante, comparado al calor pegajoso y suspendido del verano en la sala para mujeres pobres.

Para mi sorpresa y contento, al cruzar el umbral del hospital vi a Matilde parada en la ladera opuesta. Contra el sol, la cocinera se veía un poco más pequeña, más envejecida. No tenía la presencia imponente con la que la recordaba.

– La Rosita me avisó que hoy te daban de alta mi niña. ¿Cómo te sientes? – Me preguntó Matilde mientras que me auscultaba con sus dedos regordetes. – ¡Pero si eres puro hueso y pellejo! – Mi vestido, el mismo con que entré al hospital dos meses atrás, colgaba ancho y suelto. – ¿La Rosita no te daba la sopita que le encargaba para ti?

– ¿Tú me mandabas la comida?

– Sí. Todos los días escondía un plato de la cena de los señores y lo traía después del trabajo. Rosita me prometió hacerme el servicio de acercarte tu comida todas las noches a cambio de alfajores para sus hijos.– Le di un abrazo espontáneo a la gorda.

– ¡Gracias, *Mamay*! Rosita nunca me dijo.

– Espero que entiendas que no podía visitarte. Era mejor que los señores doctores no vieran a una pariente a tu lado. – Matilde se disculpó entretanto se le escapaban unas lágrimas. – Todos los días, desde que te dejé aquí, le he rogado a la Virgencita por ti.

Hoy mismo, voy a hacerle una misa para agradecerle el milagro que me ha hecho. El milagro de salvar tu vida, mi niña.

Matilde me contó que ahora la señora Rosaura se la pasaba recluida en su habitación. Que ya no entraba a la cocina todas la mañanas como acostumbraba hacerlo antes. Ahora, ella, Matilde, era la que decidía qué es lo que se iba a cocinar todos los días. También me contó que apenas una semana después de que yo entrara en el hospital, la señora Rosaura mandó traer a otra ayudante de Cerro de Pasco. Esta vez, era una niña de unos diez años.

– La chica nueva no es tan habladora como tú. Es más bien callada.

– La señora, ¿Me recuerda? ¿Pregunta por mí?

– No m'ija. Esa gente es así. No tienen sentimientos. Olvídate de ellos. – Matilde me entregó un atado que venía cargando en la espalda. – Guardé todas tus cositas cuando limpié la habitación para la nueva niña. Esta todo ahí, tu muda, la foto de tu mamita, tu rosario y tu cuaderno. También te traje una mantita de lana que agarré de los señores, pensé que la podías necesitar. Y aquí, hay unos platanitos para que engañes el estómago hasta que encuentres otro empleo.

Le agradecí a esa mujer caritativa, a quien presentía nunca más volvería a ver.

– Mucha suerte mi niña. – los brazos maternales de Matilde me envolvieron y su dulce olor a canela me recodó tiempos mejores en la cocina de los Gallo. Tras alejarse unos pasos, la cocinera volteó y me gritó, – ¡No te olvides de los alfajores! – y con una sonrisa se perdió en la multitud de la calle.

Era todavía de mañana, si tenía suerte podía conseguir algún trabajo antes del final del día, pensé. Caminé por las calles, sin ningún rumbo en particular. En una tienda de encajes y telas leí un letrero en la ventana, "Se busca Señorita." ¿Entro? ¿O no entro? Después de como una hora, el hambre me dio valor.

– Buenos días, señor, veo que busca una ayudante. – Mi voz era apenas un susurro.

El dueño, un hombre enjuto y canoso, vestido con saco y corbata se me quedó mirando por unos segundos, – India y sabes leer. Uhmm. … No, no, este no es trabajo para ti. Anda, anda, sal de acá … – Me echó con un rápido aleteo de su mano.

Cerca de Santo Domingo, vi un anuncio en una casa de alta costura. La dueña parecía ser una señora blancona, por lo que pude deducir en el largo rato que me pasé observando el ir y venir de la casa. Sentí más confianza porque sé coser muy bien. La señora Rosaura me enseñó.

– Hablas bien niña. Pero no. Necesito una persona que pueda tratar con gente de bien.

Al atardecer pasé por una casa con modernos vestidos en los ventanales, la casa *A. F. Oeschle*. El portero ni siquiera me dejó entrar a preguntar. Cuando me vio cerca de la puerta me gritó – ¡India altanera! – y me azuzó para que me aleje. Mi cabello corto, mis botines y el vestido moderno que me regaló la señora Rosaura no cambiaban nada. No, no podía borrar lo indio en mi cara, ni en mi piel.

Para cuando bajaba el sol, en una pileta donde paré a refrescarme un rato, escuché que estaban buscando ayudantes en una tienda de abastos.

– ¿Tú? Pero si eres puro hueso. Parece que te vas a romper en cualquier momento, – se rio el tendero.

Cabizbaja y decepcionada por mi mala suerte, busqué un lugar para pasar la noche. Se me ocurrió que en el patio de una iglesia estaría protegida, nada malo me podía pasar en campo santo. En una húmeda esquina del pórtico de San Francisco me acurruqué con la manta que me regaló la precavida de Matilde y me sobrevino el sueño de puro cansancio. Mañana será un mejor día, pensé.

Al alba, una escoba furiosa me despertó. Era el cura barriendo a todos los indigentes, que al igual que yo, habían buscado protección a la sombra de santos de piedra. – ¡Vamos! ¡Vamos! ¡Afuera todos! – Salí de San Francisco con mi atado y pensé que por suerte había una iglesia cada dos o tres cuadras en Lima. Cuando las calles empezaron a llenarse con gente en camino a sus trabajos, saqué uno de los plátanos que me regaló Matilde. Lo comí despacito, saboreando cada bocado. Mi plan era comer un plátano al día, hasta que consiguiera trabajo.

Para el final de la semana aprendí todos los nombres de las calles del centro de la ciudad, aprendí a orientarme bien, entendí que las piletas de agua generalmente estaban frente a las iglesias,

… pero no tuve suerte encontrando trabajo. Y se me acabaron los plátanos.

Una tarde, estaba parada por el Portal de Botoneros, soñando con mi querido Cerro de Pasco, cuando el aroma dulce de pan recién horneado de una panadería cerca, empezó a cosquillearme el estómago vacío. Vi salir de la panadería a un barbón, panzón con el mandil empolvado de harina y un curioso lorito verde limón, de cabeza amarilla con un mechón azul en la frente, parado sobre su hombro. Pensé que nunca había visto un pájaro con plumaje de color tan vivo. El lorito estaba parado firme, observando atento el ir y venir de la calle, mientras que el barbón negociaba con el vendedor de pescado. Cuando el panadero terminó su compra y volteó para regresar a su tienda, el pájaro levantó vuelo, cruzó la calle y se posó delicadamente sobre mi hombro derecho. ¡Me sorprendió! Yo tan bajita, con la cantidad de gente en la calle, … y el pájaro luminoso escogió mi hombro.

– ¡Florián! ¡Florián! – Con fastidio el gordo cruzó la calle. – Mi Florián nunca ha hecho eso. Es desconfiado. Nunca se acerca a gente que no conoce. – Tímidamente acaricié ese plumaje alegre y el pájaro no se movió de mi hombro.

– ¡Ven acá, pajarraco insolente! – gritó el panadero mientras extendía su antebrazo. Florián volteó su cabecita para mirarme y dio un saltito coqueto de mi hombro al brazo del panadero.

– Te he visto parada aquí varias veces. ¿Estás sola?

– Sí.

– ¿Cómo te llamas niña?

– Sofía

– Ah, *Sophie*. Me gusta. Yo soy *Alphonse* y este malcriado es Florián. – El panadero, hablaba con un acento marcado que decía que el español no era el idioma de su crianza.

– Eres puro hueso … ¡Ven! ¡Sígueme! Y tú Florián, no vuelvas a asustarme de esa manera.

La alta y pesada puerta de la panadería abrió a un salón grande de techos altos con un fino mostrador de madera tallada y pisos de baldosas de color. Sobre el mostrador había canastas con bollos de pan caliente. Pan suave con una corteza oscura y reluciente y bollos grandes con una corteza áspera y crocante. Don Alfonso agarró algunos bollos de ambos tipos de pan y me los ofreció. A pesar de que mis tripas se retorcían y me sentía desfallecer con la fragancia intoxicante de la panadería, no podía aceptarlo. – ¿Le limpio la cocina? – Don Alfonso me observó por un momento. Quizás le recordé a alguien. Sé que no fue lástima.

– Está bien. Por hoy lava los trastes. Anda atrás al patio. Ahí están los porongos con agua.

La cocina era amplia, tenía un mesón de cerámicas blancas en el centro que servía de mesa de trabajo y un fogón en la esquina; sacos apilados de harina y azúcar cubrían tres paredes. El suelo de tierra asentada era blanco con toda la harina desperdiciada que nunca había sido barrida. El hollín del fogón estaba impregnado en el techo y en las paredes que alguna vez fueron blancas. Afuera, en el patio, había dos grandes hornos de leña. Después de comer el pan, me esmeré en lavar y dejar todos los cacharros de la cocina limpios y en barrer el piso lo mejor posible. Para cuando ya estaba bajando el sol, la cocina estaba más ordenada y limpia de lo que alguna vez había estado.

– Está bien, si quieres venir a limpiar a cambio de pan, empieza mañana. – Le agradecí con emoción al panadero.

– ¿Tienes dónde dormir?

– Sí, en la iglesia.

Don Alfonso meneó la cabeza con desaprobación. – Hazte un campo en un rincón en la cocina. Aquí estas segura. – No podía creer mi suerte. ¡Comida y un lugar para dormir!

Unas semanas después de haber empezado a trabajar en la panadería del francés, no sólo hacía la limpieza sino que también ayudaba a atender el mostrador. Don Alfonso se dio cuenta de que sabía leer y sabía contar dinero. Así que cuando necesitaba salir, me dejaba a cargo de las ventas. Para la sorpresa de todos, Florián se encariñó conmigo. El lorito me permitía alimentarlo y sacarlo de su jaula.

– Nunca le ha dejado a nadie más acercársele – lamentaba Don Alfonso, algo celoso. Yo trataba de no darle importancia al asunto, aunque tengo que admitir que yo también me encariñé con Florián. Cuando me entraba la nostalgia, el pajarito se posaba en mi hombro y me hacía compañía. Era como si él mismo sintiera mi soledad. Y en las tardes en que Don Alfonso salía, yo le contaba a Florián de mi *Mamay* y de Clara.

El francés preparaba la levadura y la masa del pan todas las madrugadas, solo. Le gustaba trabajar solo. Sus ayudantes entraban cuando la masa estaba ya lista para dividir y poner al horno. La primera mañana cuando Don Alfonso entró al alba, haciendo bulla en la cocina, me asusté. Creo que se le olvidó de que me había dado permiso para dormir en la cocina, porque no supo que hacer conmigo.

Por suerte, con el tiempo y con la ayuda de Florián, a quien en un comienzo se le dio por saltar de mi hombro al hombro del panadero, sacudiendo su cabecita de un lado para otro en un movimiento incesante, Don Alfonso se fue habituando a mi presencia.

– ¡Ya, pajarraco! ¡Quédate quieto! ¡Ya sé que te gusta esta niña!

Me acostumbré a despertarme más temprano que el panadero, así lo esperaba lista para ayudarlo. Los primeros días, no me dio nada para hacer, pero poco a poco me fue dando tareas e instruyéndome en el arte de amasar pan. – Un buen pan, empieza con una buena masa. Tienes que amasar y amasar hasta que obtenga la consistencia correcta. – repetía Don Alfonso mientras golpeaba la masa con sus poderosos brazos contra el mesón.

A diario, antes de las seis de la mañana el pan crocante, aún caliente, de Don Alfonso llegaba a las mesas del Hotel Bolívar, el Club Unión, el Country Club, la Embajada Americana y a un sin número de hogares de gente de bien. Todos los que probaban el pan de *La Panadería Francesa* tenían que comprarlo.

Uno de los muchachos que hacía los despachos en la madrugada y a la hora del lonche era un joven fornido con una sonrisa abierta, unos años mayor que yo.

– Zenón Atusparia, para servirla Señorita.

Sentí calentura en mi cara. Era la primera vez en mi vida que alguien se dirigía a mí con tanto respeto. Zenón era el más conversador de los trabajadores y con frecuencia entre despachos se sentaba sobre los sacos de harina en la cocina a contarme historias de Yungay, de su pueblo. Una tarde Zenón me asaltó con preguntas incómodas,

– ¿Sofía, qué pasó con tus trenzas? ¿Por qué te las cortaste?

No supe que contestarle. Me sonrojé y traté de hacerme la ocupada. ¿Qué le podía decir? ¿Qué me las cortaron? Que aunque no quise, ahora me gusta mi cabello corto y suelto.

Abrí la puertecilla de la jaula de Florián y lo dejé volar.

Una mañana, llegó a la panadería un señor alto con sombrero de pana y un bastón con un mango de marfil que tenía la cabeza de un león labrada con cuidadoso detalle. Unas piedrecitas rojas incrustadas marcaban los ojos del león. *Don Alfonso* se limpió las manos en su mandil y se acercó solícito.

– ¡Don Alberto! ¡Muy buenos días! ¿Cómo van las cosas en la Embajada? ¿Algún problema con su orden?

– Buenos días, Don Alphonse. No, no se preocupe, todo está bien. Su pan es el deleite del embajador y su señora esposa. No, hoy, vengo porque necesito algo especial.

– Dígame.

– El próximo domingo la embajada va a tener una recepción para el Comandante de la Fuerza Naval Americana que ha llegado al Callao. El embajador ha invitado a cerca de doscientos comensales y me ha pedido que sirva los postres típicos de este país. Quiere deleitar a sus invitados con alfajores, suspiros limeños y tocino de cielo. ¿Me puede preparar una orden para el domingo?

– Pero, Don Alberto, yo sólo soy panadero … No preparo dulces …

Yo estaba detrás del mostrador escuchando la conversación. Al escuchar el pedido, le hice señas a mi patrón, tratando de llamar su atención.

– ¿Qué pasa? – Don Alfonso se acercó fastidiado.

– Yo puedo hacer todo lo que él necesita.

– ¿Tú?

Indeciso, Don Alfonso retornó a donde el mayordomo y le dijo que mañana le daría una respuesta firme sobre el pedido. Apenas se retiró Don Alberto, Don Alfonso me ordenó, – Ahora mismo me vas a mostrar qué sabes hacer, – y se sentó a esperar.

Todos los ayudantes sintiendo la tensión en la cocina, dejaron de hacer sus labores y en preocupada espera se acomodaron en el suelo y sobre los sacos de harina y azúcar y a Florián, desde su jaula, se le ocurrió repetir incesantemente el último refrán que había aprendido,

– ¡Sofía niña bonita! ¡Sofía niña bonita!

Hasta que Don Alfonso le tiró el manto negro sobre la jaula.

– ¡Cállate pajarraco viejo! ¡Ahora no tengo tiempo para ti!

Me lavé las manos, acerqué uno de los taburetes de la cocina a la mesa de trabajo porque yo era muy bajita para poder amasar parada como Don Alfonso. Tenía que subirme al taburete para poder alcanzar el ángulo necesario. Recordando las detalladas instrucciones de Matilde, vacié harina en la mesa, corté la manteca, rocié agua de ajonjolí y con cuidado empecé a voltear la delicada masa para los alfajores. Amasé con fuerza hasta obtener la consistencia exacta que me había enseñado Matilde. Recordé que mis dedos tenían que sentirse aceitosos al pinchar la masa para asegurarme de que las galletas de los alfajores no quedaran muy secas. Luego, corté el hojaldre y puse las galletas al horno por unos minutos. En una olla destartalada puse la leche fresca a hervir con una pizca de clavo y tres fragantes palillos de canela. Con precisión le fui echando azúcar a la olla hasta que el relleno de dulce de leche tomó punto. Para los suspiros y el tocino de cielo, fui al gallinero en la parte posterior del patio y recogí dos docenas de huevos fresquecitos. Separé los huevos y batí las claras hasta formar unos picos altos y firmes.

Horas después, puse delante de Don Alfonso unos suspiros con un merengue bien formado, delicados alfajores empolvados con azúcar fina y un acaramelado tocino de cielo. Con tensa expectativa esperé que el panadero saboreara cada uno de los dulces en silencio. Don Alfonso se tomó su tiempo. Probó y evaluó con calma. Yo, Zenón, y el resto de los ayudantes estábamos parados en silencio alrededor del mesón, esperando el veredicto. Finalmente, habló, – ¿Dónde aprendiste a hornear tan bien chiquilla? Estos alfajores se deshacen en la boca y este tocino de cielo tiene una textura livianísima, … – Los ayudantes de la panadería estallaron con gritos de alegría y Florián no se quedó atrás. Empezó a chillar en su jaula hasta que alguien le abrió la puerta. El perico aterrizó sobre la mesa de trabajo, algo que no le era permitido y picoteó pedacitos de alfajor. Él también quería probar.

Desde ese día *La Panadería Francesa* empezó a vender dulces limeños y Don Alfonso me empezó a pagar una propina.

Sofiana Olivera Abalán
Ahí, donde no crecen flores

El verano que cumplí nueve, me arrebataron la alegría de las buganvilias multicolores que cubrían el muro blanco de nuestra casa, el dulce olor de la brisa salada, el delicioso gusto de helados de chocolate y la risa con mis amigas del colegio. El trabajo de mi papá nos llevó de Lima a un aislado campamento minero en la sierra. Para consolarme, mis padres me regalaron una muñeca de cabellos dorados y cachetes rosados, que lloraba cuando le presionaba la barriga.

La camioneta negra de la compañía, cargada con nuestro equipaje subió, subió, … y subió la cordillera, doblando cantidad de curvas apretadas, hasta que nos encontramos cercados por montañas inmensas de piedra. Montañas solitarias, con picos blancos, que arañaban el cielo cristalino. Todo a mi alrededor era gris, marrón, cobre, y negro. Pronto, me olvidaría de los rojos, naranjas y amarillos. Recuerdo que mi cabeza me empezó a doler y cerca de Ticlio, el chofer tuvo que parar, porque mi desayuno exigía una violenta salida del estómago.

Al acercarnos al único puente que conectaba al campamento de *Chulec* con el resto del mundo, un rugir ensordecedor nos enmudeció. El chofer, levantando la voz para hacerse escuchar, nos explicó que era el Mantaro. Nos aseguró que en poco tiempo nuestros oídos se volverían sordos al permanente rugido. Al cruzar el puente, un barro amarillento, arenoso y maloliente bautizó la camioneta.

El campamento era un grupo de construcciones ligeras de techos de calamina, a unos metros de la orilla del río, papá nos explicó que ahí vivían los trabajadores de la mina con sus familias. Lo llamaban 'Campamento Bajo.' La camioneta, con las lunas cerradas, atravesó el campamento sin parar. Pude ver por entre el barro que cubría la ventana, mujeres y niños jugando frente a los edificios. Llegando al final de los galpones nos cruzamos con un reñido partido de fútbol. Chicos, en su mayoría descalzos, envueltos en una nube de polvo ocre.

La camioneta siguió avanzando, circundando la ladera de la

montaña, dejando atrás el bramar del Mantaro, hasta que llegamos a una llanura alta. Era el 'Campamento Alto.' Ahí, a diferencia de en el 'Campamento Bajo,' había casas grandes, casas pintadas de colores alegres, casas ordenadas en cuadras con pistas asentadas y jardines.

Para mi regocijo, la casa que nos tocó, tenía en el jardín posterior una casita de madera que alguno de los inquilinos anteriores había construido para su hija y dejado atrás al irse. La casita estaba pintada de un rosado pálido, con los detalles de la ventana y la puerta color azul cielo. Desde ese día, la casita de atrás se convirtió en mi lugar preferido. Ahí era donde iba a esconderme cuando mis padres discutían o cuando regresaba sola del colegio. Ahí también era donde iba a jugar con Elena, la hija de uno de los amigos de mi papá, mi única amiga en ese pueblo nuevo.

Una tarde de sol, de ese sol serrano que quema pero no calienta, Elena y yo estábamos en la mitad de la cena con nuestras muñecas, cuando la puerta se abrió de golpe. Mi hermano Joaquín y el hermano mayor de Elena, Francisco, entraron corriendo, como si el mismo diablo los persiguiera.

– ¿Qué pasa? – pregunté, sintiendo la ráfaga de aire helado que entró con ellos. Nadie contestó. Joaquín y Francisco se pusieron en cuclillas y con cuidado deslizaron una esquina de la cortina floreada que cubría la única ventana en mi casita de muñecas. Desde ahí se podían ver todos los jardines posteriores en la cuadra, jardines verdes y bien cuidados.

– ¿Qué pasa? – Esta vez fue Elena quien preguntó.

– ¡Cállense! – Nos ordenó Francisco, ignorando nuestras preguntas e ignorando a nuestras muñecas que aún estaban sentadas en el pequeño comedor.

– ¡No los veo! – dijo Joaquín mientras continuaba oteando por la ventana. Joaquín todavía tenía en la cara la sombra de la última caída de su bicicleta. Parecía que aquí, en la sierra, Joaquín manejaba su bicicleta muy rápido y con frecuencia perdía el control. En Lima no había tenido ese problema. Mi papá le decía que manejar en pista asentada era diferente a manejar en una pista pavimentada. Que tenía que tener más cuidado.

– ¡Mejor nos vamos! ¡Aquí nos van a encontrar! ¡La casa de tu hermana es el primer lugar donde van a buscar!

Joaquín y Francisco intercambiaron miradas rápidas y tomaron su decisión. Antes de salir, Joaquín, que era mucho más alto que yo, me agarró de los hombros con fuerza y me ordenó, – ¡No le digas a nadie que me has visto! ¿Entiendes? – Asentí. – ¡No digas nada!

Sentí miedo, pero no sabía a qué le tenía miedo. Mi hermano era cinco años mayor que yo y era él, el que siempre me protegía. Cerré la puerta detrás de Joaquín y Elena y yo regresamos a la comida de nuestras muñecas.

Estábamos en el postre, cuando mi casita se remeció y de súbito la botella de vino, azul cobalto, que tenía sobre la mesa con una margarita de plástico que me había agarrado del florero de mi mamá, tambaleó y rodó por el suelo. Cuatro chicos gringos vestidos con uniformes americanos de béisbol, llenaron el pequeño espacio. Sentí la falta de aire.

– *Where's your brother?* (1) – me gritó un chico con una cabeza incómodamente chica para su cuerpo de hombre fornido. Lo reconocí del colegio. Creo que estaba en el último año de la secundaria. Los otros tres eran menores.

Elena estaba más asustada que yo. Probablemente porque no entendía lo que los gringos decían. Ella no hablaba inglés.

En *Chulec* sólo había un colegio para todos los niños del campamento, el *Chulec School*. La compañía, dueña del campamento, la *Cerro de Pasco Mining Company*, administraba el colegio. Así como controlaba todo lo que pasaba dentro del campamento. En un lado del *Chulec School* las clases se dictaban en español, para los estudiantes peruanos, y en el otro lado las clases eran en inglés, para los niños americanos, los hijos de ejecutivos de la compañía.

– *¡Contesta! ¿Dónde está?* – Insistió el grandulón. Abracé a mi muñeca para protegerla. Apretándola con fuerza contesté, – No sé.

Mi muñeca empezó a llorar.

– *¡Estás mintiendo! ¡Yo sé que estás mintiendo!* – Me ladró un rubio pecoso, en tanto el vaho agrio de su aliento me golpeaba la cara. Bajé mi mirada y traté de concentrarme en las zapatillas importadas del pecoso, con su bonito uniforme. Vi que en el bolsillo trasero de uno de ellos, había una de esas revistas Mad que tanto les gustaba a los gringos.

El muchacho con la revista, dijo que mejor seguían buscando porque Joaquín no podía esconderse por mucho tiempo, ya que el campamento era pequeño. Eventualmente lo iban a encontrar. Sin más, los cuatro salieron de mi casa y mis muñecas volvieron a respirar.

Mi hermano estaba en problemas. Cuatro americanos del colegio lo estaban buscando y él se estaba escondiendo. ¿Por qué lo estaban buscando? ¿Qué había pasado? Tenía que encontrar a Joaquín. Tenía que ayudarle.

Elena decidió que mejor se regresaba a su casa en el 'Campamento Bajo' porque los americanos la asustaban. Sabía que las líneas entre el mundo en español y el mundo en inglés nunca se cruzaban.

Dejé mi muñeca en la silla, cerré la puerta de mi casa y seguí por donde los gringos se habían ido. Ellos corrían más rápido que yo, pero de todas maneras los podía ver a lo lejos. No se dieron cuenta de que los estaba siguiendo. Cruzamos jardín tras jardín, siempre yendo por la parte de atrás de las casas. En Chulec nadie tenía rejas y nadie cerraba su casa con llave. Todos nos conocíamos. Éramos una gran familia.

Después de como media hora de rastrear, escuché a uno de ellos gritar.

– ¡Ahí está!

Estábamos cerca de la casa de la señora más vieja del campamento: la señora Wilson, una mujer flaca, arrugada y malhumorada. Ella no tenía hijos, o si los tenía ya no vivían en *Chulec*. El jardín posterior de los Wilson era el único en el campamento que siempre se veía algo descuidado, con un montón de cajas de botellas vacías arrumadas. La señora Wilson era la esposa del superintendente y mi papá nos había prohibido a Joaquín y a mí, pasar por su cuadra, porque en esa cuadra vivía toda la gente importante de la compañía y no quería tener ningún problema.

En el centro del jardín estaban Joaquín y Francisco cercados por cuatro fieras. Uno de ellos, listo para saltar, balanceaba un bate de béisbol que yo no había notado hasta ese momento.

El 'Cara de tonto' se acercó a mi hermano y lo increpó, – *So you think you can be in our school?* (2)

Me arrodillé detrás de un piedrón, desde donde podía verlo todo. Joaquín tenía cara de pánico y negaba lo que sus acusadores le encaraban.

– *¡Tú me entiendes... no te hagas el que no me entiendes!*

– *¡Tú y la babosa de tu hermana tienen que irse!* – gruñó con rabia otro de los chicos.

Entendí. Estaban hablando del colegio, ... del Chulec.

Antes de aceptar mudarnos de la capital a un desterrado campamento minero, mi mamá exigió que Joaquín y yo teníamos que ser aceptados en el lado americano del colegio. Esa fue su única condición. Para ella era importante que aprendiéramos inglés. Ni Joaquín ni yo entendíamos ¿Por qué? Los dos odiábamos ir a un colegio donde nadie nos hablaba.

Fue muchísimos años después que entendí el misterio de por qué una compañía tan poderosa como la *Cerro de Pasco Corporation*, había aceptado la inusual condición de mi mamá. Los sesenta eran años de cambio en el Perú. El gobierno empezaba a exigir a las compañías internacionales que explotaban recursos naturales en el país, que contratasen una mínima cantidad de profesionales peruanos. El de mi papá fue uno de esos contratos simbólicos.

De pronto, el pecoso volteó hacia Francisco y le ordenó, – *You go!* (3) – Francisco miró a Joaquín sin saber qué hacer. Creo que no entendía lo que le estaban diciendo. En un español acentuado uno de los otros le gritó, – ¡Váyase! ¡Corra! – y le dio un empujón hacia la calle. Francisco entendió y sin pensarlo mucho arrancó a correr. La pelea no era con él. Él pertenecía al 'Campamento Bajo.'

El bate golpeó la espalda de mi hermano. Lo vi caer. Patadas. Sangre. Puñetazos. Empecé a temblar. Joaquín trataba de protegerse. Se hizo un ovillo con sus manos y sus rodillas, escudando su cara. Los americanos gritaban y yo sólo escuchaba bulla, gritos ininteligibles. El inglés se borró de mi mente.

Quería golpear a esos gringos sin nombre. Patearles. Defender a mi hermano. Pero ni mis brazos, ni mis piernas obedecieron. No se movieron. Estaba paralizada, hipnotizada. Sentí un dolor intenso. Un dolor que nunca he vuelto a sentir y nunca he olvidado, ... pero no pude sacar ni un sólo sonido de mi garganta.

De repente, el pecoso agarró una botella azul y la rompió

contra la esquina de la pared de la casa. El estallido del vidrio roto atrajo la atención de la señora Wilson, quien con sus cabellos desgreñados salió a la puerta envuelta en una bata verde, felpuda, – *That's enough boys!* (4) – les gritó.

Los gringos dejaron de golpear a mi hermano que yacía inconsciente en el suelo. La señora Wilson les dijo a los muchachos que se fueran a sus casas y dejaran de hacer tanto alboroto, que estaba tratando de dormir.

Minutos después, apareció la ambulancia.

El frío de mis pantalones mojados me regresó a la realidad. ¿Qué había pasado? ¿Cómo le iba a explicar a mi mamá lo que había pasado? ¿Cómo le podía decir que yo no había hecho nada para defender a mi hermano?

Mis piernas me llevaron a mi casa. Mi cara mojada ardía contra el viento gélido de la puna. Cuando llegué, no había nadie. Me cambié de ropa y me senté afuera en la escalinata, a esperar a mi mamá. Fue tarde en la noche cuando mi papá llegó a casa. Bajo la luz de la puerta de entrada, yo me había deslizado en un sueño angustiado del cual quería despertarme, pero no podía. Mi papá me cargó adentro de la casa mientras me llamaba la atención por estar afuera en el peligroso frío. Cuando ya me había calentado con varias frazadas encima, mi papá me explicó que Joaquín había tenido un accidente, pero que estaba bien. Que mi mamá se había quedado con él en la posta médica, pero que mañana ambos regresarían a casa.

Al día siguiente, Joaquín regresó con la cara desfigurada y moreteada. El ojo derecho estaba tan hinchado que lo tenía cerrado. Al acercarme a abrazarlo, mi hermano me guiñó con su ojo izquierdo y con una sonrisa desdentada me dijo que no me asustara, que solo se había caído de su bicicleta, ... pero que los golpes ya no le dolían. Joaquín estaba en una silla de ruedas con el brazo derecho y la pierna izquierda enyesados. Una bolsa de líquido colgaba de una barra horizontal de la silla y goteaba a la vena de su brazo sano.

Me quedé muda. Sin saberlo Joaquín me ayudó a esconder la vergüenza de no haber tenido valor para defenderlo. La vergüenza de ser cobarde. Él sí me hubiese defendido. Joaquín y yo nunca más regresamos al colegio americano. Nunca más hablamos de la caída de su bicicleta.

Días después, dejamos la casa de *Chulec* y regresamos a Lima. Antes de subir a la camioneta cargada con nuestro equipaje fui a la casita de muñecas para despedirme. Al deslizar la cortina raída y desteñida por el sol, observé por última vez ese vecindario perfecto, con jardines donde no se podía jugar, porque la hierba pequeñita que plantaban los jardineros para cubrir la tierra era picosa.

Antes de cerrar la puerta de la casita rosada, dejé mi muñeca de cabellos dorados sentada en la silla chiquita, para que esperara a la siguiente niña que ocuparía la casa.

----

(1) ¿Dónde está tu hermano?

(2) ¿Así que crees que puedes estar en nuestro colegio?

(3) ¡Tú anda!

(4) ¡Eso es suficiente chicos!

Rogelio Arellano Álvarez
Papeles

Raúl ya sabía la rutina. Si continuaba, esta conversación podría prolongarse por horas y le seguiría un silencio de tres o cuatro días. Sin más violencia que la indiferencia. En este punto, para él, era el momento de salir a caminar y tomar aire fresco mientras Alicia continuaba, por algunos minutos, cuestionando la autenticidad del cariño de Raúl. A solas frente a su pecera muda en una sala de sillones viejos y papeles dispersos por todos lados.

Yo tenía tres semanas escuchando este diálogo. La delgada pared que divide mi departamento del de Raúl y Alicia me permite escuchar sus voces. Aunque siempre usan el mismo tono mesurado y su lenguaje monótono, sé que la relación no va bien.

Muchas veces quise intervenir, aparecer como, casualmente en el balcón o tocando a la puerta y decirle a Alicia que ya no estuviera chingando con lo mismo. Que Raúl a su manera sí la quería. Que nadie manifiesta los sentimientos de la misma manera, que a los hombres lo cursi nos inhibe la libido.

Otras veces, hubiera querido abordar a Raúl en el café de la esquina, donde a veces coincidíamos y sugerirle que dejara a Alicia. Que es imposible soportar a una persona tan posesiva y obsesionada con un egoísmo incansable.

En algunas ocasiones, cuando Raúl abandonaba su departamento, me tiraba en mi sofá. Escuchaba a Alicia murmurar los mismos cuestionamientos y me preguntaba a si en realidad el amor es verdadero. Si quizás Alicia tenía razón y todos acunamos inconscientemente la fantasía de querer. Nos esforzamos por idealizar un objeto de deseo y nos aferramos a él, porque solo así nos sentimos vivos.

A mi me gusta creer que mis sentimientos se proyectan de forma obvia, sin la necesidad de señalarlos, adjetivarlos y repetirlos periódicamente, evitando así la escena melosa de la reiteración.

En esas elucubraciones estaba de acuerdo con Raúl, pocas palabras al buen entendedor. Pero las mujeres son diferentes. Se enamoran de una foto, sueñan con una voz, ven colores en las palabras y olfatean dudas. Alicia, al igual que todas las mujeres sospechan de su propio carmín en el cuello de su hombre.

Y yo hubiera seguido otras tres semanas echado en este sofá, divagando en este asunto, hasta que escuché a Raúl llegar esa noche, eufórico, quizás un poco ebrio y gritarle a Alicia, que ya habían aceptado el guión, que a partir de mañana, los ensayos serian en el teatro.

Rogelio Arellano Álvarez
Ventanas

En un momento único, como es cada momento, él entró por la ventana, en forma de bruma. Y reconoció en el abismo de sus pupilas de arcilla, a dos luciérnagas copulando, que brillaban desde la otra orilla de tiempo aparte.

La había buscado entre los mantos del sueño y dimensiones de espacio difusas. Ella también reconoció esa opresión que se arrullaba en la noche de sus senos.

Él no podría besarla, pero podía limpiar con sus dedos de humo, esas huellas de diminutos caracoles de sal que resbalaban por sus mejillas.

Ella no podría verlo, pero su habitación se llenaría de mariposas transparentes, de plata, de jade y de miel.

Y así, se inventaron tardes de dorado y azul; noches de labial en la sabana, pestañas en la almohada y madrugadas de lenguas mojadas.

Hasta que amaneció.

Rogelio Arellano Álvarez
Gotera de invierno

"¡Calla y arregla de una vez la cisterna del baño, que gotea!," – y yo asentí – , sabiendo que su mirada ya no me encontraba, mientras la voz se desbarataba entre sus labios partidos. – "¡Odio esas gotas que caen justo sobre mi cara!"–

Fue el instante en que supe que debía cruzar el momento inevitable, de cumplir la promesa de los días lúcidos.

Seguir llorando sobre su regazo no apagaría el incendio en sus entrañas.

Besé su frente por última vez; cerré el paso de suero, desconecté el respirador y apagué la luz.

El cristal húmedo de la ventana la dejó escapar a otra esquina del universo.

Germán Perilla Díaz
Cualquiera puede desaparecer

*Cifras oficiales en Colombia y para muchos bastante conservadoras,
hablan de 250.000 muertos, 50.000 desaparecidos, 5 millones de
desplazados y en total casi 8 millones de personas victimizadas. La
historia que se cuenta aquí está dedicada a los millones de víctimas
del conflicto colombiano y en especial a Luz Mila Collantes y Beatriz
Monsalve, dos heroínas inocentes, casi anónimas que lucharon por
la paz en Colombia. Que esto no se vuelva a repetir y que por fin se
entienda que la guerra no es un estado natural, además tenemos el
derecho y la obligación de saber la verdad.*

Los amigos del barrio pueden desaparecer
Los cantores de radio pueden desaparecer
Los que están en los diarios pueden desaparecer
La persona que amas puede desaparecer
Los que están en el aire pueden desaparecer en el aire
Los que están en la calle pueden desaparecer en la calle
Los amigos del barrio pueden desaparecer
Pero los dinosaurios van a desaparecer.

Canción: Los Dinosaurios
De: Charly García.

Así como a él se le volvió una urgencia contar la historia, a mí
se me convirtió en un escape a la soledad en este lugar distante y
oscuro. Para mí los recuerdos aún son muy borrosos, realmente ha
pasado mucho tiempo y quiero escribirlo para él, porque fue quien
empezó todo esto y quien está obsesionado con ello, siento que me
rescató de ese estado de ensimismamiento en que estaba y me ha
dado algo significativo en qué pensar.

Veintisiete años después me voy enterando de muchas cosas,
además del hecho de que todos supimos que nos torturaron nadie
más supo esto: que nos colgaron y con unas tenazas nos arrancaron

los pezones, pero no me quiero adelantar, lo que ocurrió fue que a él se le metió en la cabeza que debía averiguar lo que pasó, a mí eso me ha tenido sin cuidado, porque no quiero venganza, solo quiero … bueno, ya no sé lo que quiero, son un poco de sentimientos encontrados, iba a decir que lo que quería era tranquilidad, pero después de que se empezó a saber todo, y se fue armando de a poquito en poquito, como cuando se hace una colcha de retazos me empezó a interesar. No lo puedo negar, es más, ahora quiero contar mi verdad, algo que a nadie le he dicho.

Lo que más me impresionó fue la primera vez en que después de tanto tiempo empecé a recapitular lo que nos hicieron a Eugenia y a mí, porque me puse a leer su escrito, el borrador de una crónica que no pudo desligar de su propia historia, en la que relataba a grandes rasgos lo que recordaba, no porque estuviera bien escrita, sino porque eso me trajo de frente con la realidad. Hacía tanto que no tocaba el tema y sin quererlo sentí que él lloraba, había dolor en sus palabras, lo percibí y, de alguna manera, eso me entristeció.

Del borrador de la crónica inconclusa I

<<*A Diana Segura y a Eugenia Ayala, su compañera de trabajo, las desaparecieron en Bogotá un jueves en la mañana, en una acción rápida y precisa por parte de sus captores. Ese día, 11 de agosto, salieron a las ocho de la mañana, se dirigieron a la oficina de su agrupación como lo hacían siempre de lunes a viernes, pero varios hombres a bordo de dos todoterreno, que se identificaron como de la policía secreta, las interceptaron y las obligaron a abordar uno de los vehículos. Ellas se resistieron pero poco o nada pudieron hacer, a la fuerza se las llevaron. Diana había ingresado a la carrera de periodismo con nosotros. Era una estudiante venida de la provincia que a pesar de las advertencias de sus padres de no meterse en problemas se unió al Frente Popular, agrupación política que según se especulaba entre todos era de la tendencia política del Ejército Popular de Liberación (EPL), precisamente esta guerrilla junto con el Movimiento 19 de abril (M–19) entraría en conversaciones y llegaría a un acuerdo de paz con el gobierno.*

Corría el año de 1988, Diana trabajaba como ayudante de

Eugenia Ayala que era una de las personas que tenía a su cargo las negociaciones por parte del EPL. Casi diariamente las dos tenían que asistir a las reuniones de paz y compartían un apartamento en un barrio de clase media en el sector de Teusaquillo. A las nueve de la mañana aún no habían llegado a su lugar de trabajo, al dar las diez sus compañeros del Frente Popular empezaron a preocuparse, pero al mediodía cundió la alarma y no era para menos, en los últimos años ya habían asesinado a cientos de integrantes de diferentes grupos políticos, así que se tuvo la esperanza de que estuvieran en los calabozos e incluso de que hicieran alguna demanda. No queríamos pensar otra cosa.

Esa tarde como a las cinco, nosotros, sus compañeros de la universidad, nos reunimos en la facultad de periodismo al saber la noticia y empezamos a hacer averiguaciones con diferentes estamentos. Establecimos varios comités que se encargarían de ir al día siguiente a la Fiscalía, la Procuraduría y la Defensoría del Pueblo. Creamos una oficina de prensa improvisada. A las ocho de la noche, más o menos, nos empezamos a reunir a la entrada de la universidad para estar seguros de que cada estudiante estuviera enterado del hecho. De ahí, unos quince estudiantes, nos dirigimos a las instalaciones de la taberna Famas y Cronopios, nombre cambiado que nos recordaba el surrealismo de la obra de Cortázar, de propiedad de un amigo chileno, también estudiante de periodismo y miembro activo de nuestra organización estudiantil. Esa noche cada uno expuso sus puntos de vista, los radicales propusieron hacer un paro y bloquear la entrada de la universidad, pero finalmente acordamos mantener los comités y esperar.

El jueves terminó sin que se hubiera recibido ninguna noticia del paradero de Diana. Esa noche estuvimos hasta tarde en la taberna y a eso de las once y media nos empezamos a ir para nuestras casas, íbamos en grupos porque no era seguro salir solos, cualquiera podría desaparecer, eso nos daba miedo.

El viernes por la mañana la noticia había llegado a algunos medios de comunicación, pero como era de esperarse no se le dio trascendencia alguna. Continuó la espera igual que el día anterior sin la más mínima información del paradero de las dos muchachas. La respuesta de los funcionarios de las distintas *oficinas que habíamos visitado fue la misma, —hay que esperar, no se impacienten que nosotros vamos a hacer todo lo posible por encontrarlas—.>>*

Al leer esto un escalofrío me recorrió el cuerpo, sentí que mis huesos se contraían y me dolían, como si se fueran a partir como un pedazo de caña seca que ha estado al sol y al agua por mucho tiempo. Me sentí con malestar, por eso deseaba estar dormida, no quería pensar en lo que había pasado tantos años atrás. Entendí porqué él había rehuido tantas veces escribir sobre este asunto y entonces me di cuenta de que la historia se le había quedado en las manos, pero sobre todo atorada en medio del pecho.

Recordé que al hacernos entrar en el vehículo nos taparon los ojos, a la vez que decían en tono amenazante que no gritáramos. Unos treinta minutos después, al llegar a un lugar dentro de la misma ciudad, hicieron que bajáramos del carro, pero como teníamos los ojos vendados nos agarraron del brazo para ayudarnos a salir. Ingresamos a un lugar que era como una bodega grande, me di cuenta por el sonido lento de las voces cuando hay eco. Dimos cuarenta y tres pasos, no sé por qué los conté, hasta un cuarto que tenía una sola cama y que estaba localizado al fondo de ese salón inmenso. Hacía frío y a pesar de la venda que llevaba puesta pude darme cuenta de que el lugar estaba oscuro. A mí me amarraron a una reja que extrañamente estaba instalada por dentro de la ventana y a Eugenia la ataron a la pata de la cabecera de la cama. Fue cuando ella empezó a gritar que nos dejaran ir y uno de esos tipos le dio una patada diciéndonos que si no nos callábamos nos metían un tiro en la cabeza. Eugenia se quejó del golpe que le habían dado en el estómago pero ellos se rieron, de modo que no dijimos nada más y como pudimos nos acomodamos en la cama como dos animales que han sido golpeados y que con la cola entre las patas se refugian en su madriguera. Al rato trajeron algo de comer en unos platos de plástico y retiraron las vendas que llevábamos en los ojos, entonces me preocupé por mi compañera, que no había comido casi nada, estaba lívida y tenía nauseas. Lo único que ella les pedía era que la dejaran ir al baño, así que uno de los hombres la desamarró para llevarla a un diminuto escusado, que más parecía un clóset, donde había un inodoro de color azul oscuro y un toallero del mismo color pero sin toallas, cuando regresó me contó que había empezado a sangrar un poquito porque había manchado su ropa interior. Ya debía ser de noche.

Después de algunas horas llegó un hombre que al parecer era uno de los jefes, dando gritos y mandando, los hombres lo trataban con respeto y obedecían sus órdenes, se notaba que pertenecían a una institución militar: —señor, sí señor, positivo, negativo—. Dio la orden de que nos sacaran a la bodega, al lado izquierdo de la inmensa construcción había unos carros que estaban en reparación, era un taller de mecánica, al otro costado tenían un lugar de entrenamiento físico con unos lazos que pendían del techo. También había unos obstáculos, y colchonetas desperdigadas por el piso. Fue entonces cuando empezaron a tratarnos con palabras soeces, llamándonos—guerrilleras hijueputas—, empujándonos hacia donde tenían los lazos, para colgarnos de los brazos, pero antes nos hicieron quitar los zapatos. Les suplicamos que no nos hicieran daño, pero empezaron a golpearnos con unas varas mientras lanzaban insultos.

No respetaron que Eugenia estuviera embarazada, no respetaron que fuéramos mujeres, no respetaron nuestra juventud. No respetaron nada, fuimos ultrajadas, hasta nos despojaron de la ropa a tirones. Por los golpes y la posición en que nos tenían a mi compañera le empezó a salir un delgado hilo de sangre que resbalaba por su pierna hasta caer en el piso. Ella temía por su bebé, así que les gritábamos, pero ellos estaban como locos, golpeando y gritando, perdidos en un mundo diferente, lo humano no les tocaba, la sensibilidad no era parte de ellos. Las imágenes se diluyeron y perdí el sentido. Cuando desperté, Eugenia estaba llorando, nos habían descolgado hasta el suelo pero nos mantenían amarradas, parecía que querían que les dijéramos algo porque pedían nombres de personas. Nosotras no sabíamos lo que ellos querían oír, les dimos muchos nombres, entonces dijeron—no se hagan las pendejas y dennos los nombres de sus jefes de la guerrilla—finalmente y con el odio y la rabia que les carcomía, nos volvieron a colgar de los brazos para seguir golpeándonos. Después de un rato largo y cuando ya sudaban de vapulearnos hasta el punto en que yo no sentí más la golpiza, como si fuera inmune al dolor, pararon para desaparecer momentáneamente, quién lo creyera, estaban tomando un descanso. De ahí en adelante no supe si estuve consciente, parecía que una parte de mí no estuviera en ese lugar, mis sentidos dejaron de captar las cosas como siempre. No percibía los colores, ni los olores, ni siquiera escuchaba los sonidos, pero sabía que estaba ahí con mi amiga. Dejé mis recuerdos en ese lugar y continué leyendo el relato de lo que nos había pasado cuando éramos estudiantes tres décadas atrás.

Del borrador de la crónica inconclusa II

<<*El sábado, casi al mediodía, se supo la primera noticia. Muchos teníamos clase esa mañana. Diana hubiera sido una de las que debería estar ahí. Los profesores y muchos estudiantes la esperábamos, cuando de repente un compañero llegó corriendo a decirnos, a todos los que nos habíamos reunido espontáneamente en el patio de entrada de la universidad, lo que había escuchado en las noticias. Quedamos expectantes, por unos segundos se detuvo el tiempo. Nos miramos, y de alguna manera alcanzamos a sentir que lo que nos iba a decir no era bueno, estaba pálido y serio, pero finalmente dijo lo que nunca hubiéramos querido escuchar: habían encontrado los cuerpos sin vida de Diana Segura y Eugenia Ayala en un pueblo cerca de Bogotá. Un atleta que ese sábado había madrugado a correr por los alrededores de Chía las encontró y dio aviso a la policía. Las habían asesinado, los cuerpos presentaban señales de tortura y estaban tiradas en una zanja.*

Nadie hablaba, solo se escuchaba el murmullo de los llantos, era como si el mundo entero se hubiera silenciado; pero claramente se percibía que estábamos llorando, no había nada más que decir, no sentíamos que se pudiera decir nada. Entonces William el más frentero del grupo, el que siempre estaba dispuesto a dar la pelea, se envolvió en su cuerpo como un caracol y se tiró al piso encima de las mochilas llenas de libros y dijo —hijueputas—. Se tomó la cabeza entre las manos y repitió sonoramente como queriendo convencerse a sí mismo —sí, hijueputas—, mientras que al otro lado del salón en que estábamos reunidos, Sandra, mi novia, la gran organizadora, preguntaba: —¿por qué?, si solo éramos estudiantes—. No se escuchaba el ruido habitual que normalmente había cuando nos reuníamos, solo un murmullo quedo. Ahora nos sentíamos vencidos y tristes, pero entonces fue cuando Cristian, el chileno, hijo de unos refugiados políticos que huyendo de la dictadura de Pinochet se habían instalado en Bogotá, paradójicamente para sentirse más seguros que en su país, se levantó y dijo: —a estos malparidos asesinos no les vamos a dar el gusto de derrotarnos, tenemos que hacer algo—. Entonces decidimos realizar una marcha de antorchas, —Que todos se enteren. No nos van a callar. Tenemos que armar unos comités—, dijimos. Rápidamente empezamos a diseñar un plan de acción, pero lo primero era ir a recoger los cuerpos, para lo cual quedaron comisionados William y su amigo Wilman, que siempre le seguía la corriente en lo que hubiera que hacer.

Si Wilman hubiera sabido lo que iba a ver en el anfiteatro de Chía cuando entraron a la sala de necropsias del hospital, no le hubiera aceptado esta vez la invitación a su amigo. Llegaron el domingo temprano en la mañana, pero tuvieron que esperar hasta las nueve a que alguien abriera las puertas de la morgue. En el ambiente se percibía una cierta incertidumbre entre los empleados del hospital en cuanto a liberar los cuerpos de las víctimas, debido a que unos individuos armados y mal encarados, habían estado haciendo averiguaciones el día anterior acerca de quiénes eran los familiares o amigos de las mujeres asesinadas.

Lo primero que debían hacer los dos amigos era ver los cuerpos para identificarlos, así que entraron a un salón amplio donde había dos mesas de concreto, con la superficie superior esmaltada y brillante. Ese lugar se sentía más frío que un congelador y sobre las mesas estaban los cuerpos sin vida de Diana Segura y Eugenia Ayala. No había duda, a pesar de la expresión de los rostros de las jóvenes que llevaban los labios contraídos, casi inexistentes y de un color azul violáceo, pudieron ver, y eso era real y aterrador para los dos amigos, que las niñas, así las llamó Willman, tenían golpes en todo el cuerpo. Los encargados del lugar les explicaron rápidamente que habían estado colgadas y que los brazos los tenían fracturados, y por eso se doblaban como los de unas muñecas de trapo. Las habían acribillado por la espalda, Diana tenía cinco disparos, Eugenia siete, todos los impactos se habían alojado en la cabeza y la espalda. Los senos los tenían mutilados, en los pezones solo les quedaron unos coágulos de sangre de color negro. Willman no aguantó más y se puso a llorar, como llora un niño, inconsolablemente. Estaba aterrado, entró como en una crisis nerviosa, de modo que a William le tocó reaccionar rápidamente sacándolo del lugar, para regresar un minuto después y sin perder tiempo sacar únicamente el cuerpo de Diana, porque el de Eugenia estaba siendo reclamado en ese momento por su familia. Convencieron al funcionario de la morgue para que les entregara el cuerpo de Diana y lo enviaron en una ambulancia para el pueblo de donde era originaria y adonde la esperaban sus padres, unos campesinos que nunca se imaginaron que su hija, la primera en la familia que había podido ir a la universidad, regresaría desfigurada y sin vida.>>

Ahora entiendo tantas cosas: que mis amigos no me abandonaron porque tenían una visión social e histórica distinta de lo que debíamos hacer en esos momentos, que mi familia no se alejó de mí porque yo decidí estudiar periodismo, una profesión arriesgada que no servía para nada y que solo me permitiría morir de hambre; que mi amiga Eugenia no se fue por otro camino porque ella quería. Ahora entiendo que todos estamos muertos y por eso nunca regresamos.

Eugenio González Núñez
Memorias del corazón

El verdadero amor es como un perro fiel y apegado a su amo. Siempre lo sigue dondequiera que vaya. No conoce fronteras, ni desdenes, ni edades. El amor verdadero es eterno, dulce y jubiloso.

Guatemala, 1972, un encuentro fortuito

– ¡Padrecito lo buscan! – oí una mañana de un primer viernes de julio, cuando el atrio se llenaba de bullicio y de palabras mayas-quichés que apenas entendía, en labios de mujeres de todas las edades que vestían por igual, largas faldas floreadas en las que predominaban los colores verde, violeta, rojo y gris, huipiles de los mismos colores, adornos de collares de cuentas de semillas, o monedas coloniales en el cuello, pies descalzos, canastos en la cabeza, patojos a la espalda, y nuevas promesas en unos vientres que ya iban adquiriendo redondez.

– ¡Buscamos al padre! – gritaron, y por encima de todo aquel mundo de fe profunda, revolotearon como mariposas asustadas y ansiosas varias muchachas rubias, vestidas con pantalones, suéteres y camisas floreadas, que desentonaban con el aire, también multicolor, pero tenue y recatado de las prendas indígenas.

– ¡Yo soy! – les dije – mientras mutuamente se miraban y con viva curiosidad me examinaban de arriba abajo, parando mientes en mi atuendo poco clerical.

– ¿Usted hablar español? – Preguntaron, y sin que me diera tiempo a nada, me llovieron en cascada juvenil palabras de saludo y frases memorizadas en las recientes clases de español – ¡Hola! ¿Qué tal? ¡Somos amigas! – y luego me miraron, cara a cara, sin pestañear. – Nosotras somos gringuitas que venir a ayudar; nosotras con problemas – se quitaban la palabra las unas a las otras, con tal de decir algo en aquél, para ellas, trabalenguas del idioma español.

– ¡A ver, a ver, que me aclare! – les supliqué paciencia.

– *¡Please!* – agitaba las manos una de ellas mientras se hacía el silencio y crecía la zozobra.

– ¿Amigas de quién? – pregunté más que curioso.

– ¡Amigas de las Américas, y nosotras poner vacunas; pero en correo no entender y mandar nosotras a hablar con padre …! – gesticulaba la del *please*, con los ojos y las manos más que con la boca, aunque no paraba de chapurrear palabras salidas de la emoción.

Era joven, ni a los veinte años llegaba, nerviosa no se cansaba de sonreír y de hablar. Sus palabras mostraban preocupación e inquietud. Se mordía de vez en cuando las uñas y daba saltitos minúsculos de zozobra juvenil. La nota azul de mis sueños la pusieron sus ojos color celeste, donde en lo alto, el cielo me parecía sonreír.

– ¡Doña Rosa decir que tú poder ayudar nosotras, porque mañana vamos aldeas! ¡Yo necesito rentar burro a tomar cosas! – farfulló regocijada.

– ¡Yo les puedo ayudar! – les susurré tímidamente.

– ¡Gracias, adiós, mañana nos vemos! – sonriendo jubilosas y dándose media vuelta comenzaron a parlotear en inglés, y me dejaron solo.

A diario solo, célibe y cansado, recorría cada semana – en carro todo terreno, a caballo, a pie – algunas de las cien comunidades ladinas e indígenas que tenía la inmensa parroquia de Rabinal, en el corazón verde y cálido de la Baja Verapaz, donde los conquistadores españoles no pusieron los pies, ni sus caballos hollaron el pasto, ni el arcabuz llenó de horror, sangre, humo y olor a pólvora las vírgenes regiones de 'la ciudad de las rosas' (Salamá), de 'la hija del Rey' (Rabinal), o de 'la ciudad casi siempre entre las nubes del cielo' (Cobán), en la Alta Verapaz, ni perros sanguinarios desgarraron a indefensos indígenas.

Cada sábado por la noche el sonido melancólico de la marimba endulzaba la plaza de la municipalidad. Ellas se venían corriendo y ante la mirada curiosa de la gente me saludaban alborozadas. Todas querían contarme a la vez su experiencia de la semana en las aldeas. El coronel y su señora se miraban con cierta risita malévola, ¡ay qué padrecitos éstos!, pensaba ella. ¡Ay Dios, qué gringuitas más lindas, parecen guayabitas tiernas!, recelaban los ojos obnubilados y turbios del militar.

– *¡Good night!* – dijo por toda despedida la parlanchina, hasta que se dio cuenta que había hablado en inglés y corrigió de inmediato para desearnos a los padrecitos unas *¡buenas tardes!*, a las diez y media de la noche, que nosotros festejamos sonrientes.

El picnic del domingo fue a la sombra de una gran Ceiba milenaria, tan cercana al río Motagua, el río de la vida y de la muerte. Galletas, maní, mangos verdes, jocotes maduros, guayabas amarillas, chocolate, semillas de marañón, naranjas. La sorpresa fue dos botellas de vino español. Sus ojos eran como platos. Ellas sabían que en su país no podían beber alcohol hasta los veintiún años, pero yo no lo sabía, y seguro que ellas tampoco me lo iban a decir, por una doble razón, por educación y porque ya habían oído que el vino alegra el corazón y ausenta las penas. Tomaron fotos y me hablaron de sus planes: sus futuros estudios, sus viajes, sus sueños juveniles.

– ¿Y los suyos? – me preguntaron.

– Seguir aquí recorriendo aldeas, misando, compartiendo la vida con esta gente, dije, y me quedé pensativo. Por el voto de obediencia, mi voluntad ya no era mía. Prematuramente la había depositado en el regazo de otro. Ya nunca podría decidir personalmente nada. En aquel momento pensé que años atrás el destino me había jugado una broma pesada y amarga en aquella España devota y medievalmente frailuna, con ínfulas de más de seis lustros de dictadura militar.

De regreso seguimos hablando de su trabajo en la montaña. Ellas no sabían que la zona donde estábamos era una zona guerrillera, en la que no hacía mucho acababan de ocurrir duros enfrentamientos armados. Pero el ejército, de una manera más o menos velada, las acompañaba a todas partes y tenía controlada el área donde ellas trabajaban. ¡No queremos problemas! Le había contado veladamente el coronel, don Lenchito, a mi Superior.

Me memorizaron sus planes para ir a las aldeas y dar más vacunas a las gentes de las áreas rurales. Les dije que había oído comentar que a veces esas vacunas podían esterilizar a las mujeres indígenas. Cuando entendieron el significado de mis palabras se quedaron de piedra, ruborizadas, porque eso no cabía en sus mentes, y menos pensar que alguien las pudiera estar utilizando con fines inconfesables.

– Nuestra jefa – me dijeron al día siguiente – ha dicho que las vacunas son para ayudar a las mujeres a prevenir enfermedades como la tuberculosis.

– ¡Oh, lo siento por mi comentario de ayer! – corregí arrepentido de haber sido imprudente.

– ¡No problema, eso está bien con nosotras! – y mirándome, me sonrieron.

Llegado el momento de la despedida, un gran camión del ejército las esperaba en la plaza para trasladarlas a la capital. Nos despedimos y prometimos escribirnos. Las vi subidas en el camión militar un tanto cohibidas, algo asustadas, pero felices: volvían a su país, retornaban a sus casas, seguras y felices de haber hecho y aprendido muchas cosas buenas.

Con adioses efusivos, miradas y sonrisas veladas, nos despedimos. Lejos de la patria, sin familia, mi vida consistía en hacer lo mismo cada día, y aunque mi alma se conmovía con la sencillez, la bondad, la pobreza y la hospitalidad del mundo indígena, mi corazón se agitaba, enloquecía, galopaba, ante la presencia de aquellas muchachas que me inspiraban tanto aprecio, respeto y admiración, especialmente ella, que con sus dieciocho años en flor, decidida, sensible, segura de sí misma, bonita, con sus deslumbrantes planes de futuro, contrastaba con mi mirada fatigada, abatida e insegura. La lucha, la eterna lucha humana me fatigaba por igual, pero ahora mi corazón era más pujante, inquieto y vulnerable que nunca.

La carta llegó puntual. Venía de Overland Park, Kansas, decía el remite. Ella me seguía contando sus proyectos y sus planes más inmediatos. "En la Universidad de Costa Rica perfeccionaré mi español" – terminaba.

– Amiga de las Américas, recibí tu carta, y lamento decirte que tengo que irme del país de la eterna primavera, "el lugar de muchos árboles," el bosque encantado, Guatemala nativa. El coronel Lenchito, en una velada amenaza me sugiere que me vaya – le conté acomodado e incómodo en el Tica – bus, pensativo y triste, camino de Nicaragua – . Cuando esté instalado en Managua, te escribiré más. ¡Sigue siendo feliz!

Nicaragua, 1975, un reencuentro desafortunado

Nicaragua era un volcán en erupción. Insurrecciones, levantamientos populares, protestas estudiantiles, huelgas obreras, caceroladas. El dictador se tambaleaba, pero no acababa de caerse. El pueblo seguía poniendo sus muertos entre los valientes sandinistas y los pobres e inconscientes soldaditos, a sueldos de hambre, de la familia que Estados Unidos, por cuatro décadas, mantenía en el poder.

Se combate fieramente en las montañas y en los barrios populares se alzan barricadas, se toman colegios, universidades: es la guerra total, caliente, fiera y prolongada. Las cárceles se llenan de presos, pero nadie puede enmudecer las bocas que por todas partes, día y noche gritan, "Patria libre o morir," "Patria o muerte, venceremos," invocando la memoria eterna e imborrable del "general de hombres libres," Sandino y de los miles de mártires que ya tienen su altar y su pergamino en el corazón rebelde y agradecido de los nicaragüenses.

Comandantes como Edén Pastora, Gaspar García Laviana, Tomás Borge, arzobispo Miguel Obando, los niños de los barrios marginales, obreros y campesinos, a diario le quitan el sueño al dictador. Pero él ha jurado arrancarles el corazón en pedazos. No se librará ese maldito "cazador de tiburones," ese padrecito extranjero, ese comunista perjuro, ese arzobispo de mierda, malditos chigüines, harapientos obreros, haraganes campesinos. ¡Acabaré con vos, todos me las pagarán!

Así las cosas, mi amiga de las Américas me mandó una carta donde me decía que iba a venir a verme desde Costa Rica. Ni corta ni perezosa, tomó el Tica – bus y atravesando fronteras y barricadas, se presentó un día en el Colegio San Luis, en Chinandega. La instalé en casa de una familia amiga. Ella estaba feliz con la familia numerosa, incluyendo las cinco criadas, los ocho perros, los tres loros y los siete niños.

Uno de aquellos días, en la Playa de Corinto, jugando con el mar – ahora lo adivino – me hubiera gustado decirle, al vaivén de las olas, dejándonos acariciar de la brisa, lo mucho que la quería. Creo que me faltó valor y me sobró apego a una Nicaragua marcada por la guerra, la solidaridad y la esperanza. Comulgaba con los ideales del Frente Sandinista. El coraje del pueblo me hacía tilín en el corazón con más fuerza que el amor a la Amiga de las Américas, originaria de un país enemigo al que en aquel momento yo, con desafecto entrañable, repudiaba.

Mis pensamientos y mis deseos la rozaban, pero sin tocarla; mi corazón la amaba, pero mis labios ni acertaron ni quisieron decírselo. ¡Al fin y al cabo era una gringa – me dije – y preferí dejarla para que siguiera su camino!

La veía tan cercana, porque sus planes de futuro me tenían encandilado, pero a la vez tan lejana, que guardé todas las distancias y no quería contagiarme ni de su mundo, ni de su persona. Ella me contó entusiasmada que acababa de venir de un viaje a España, pero también la propia madre patria me sonó a mundo burgués, acomodado, alejado e indiferente.

No le conté nada de cómo mi mente había cambiado en Nicaragua, y de cómo me estaba contagiando del merecido odio antiimperialista del pueblo nicaragüense, que luchaba "*contra el yankee, enemigo de la humanidad*," como proclamábamos a diario en el himno revolucionario sandinista.

– Te admiro y te respeto – le dije – y con un beso de hermano la dejé irse, realizar sus sueños, volar en paz. Tal vez mi corazón se quedó sangrando porque la quería, pero seguía sin saber cuál sería mi futuro, aunque de momento estaba entusiasmado siguiendo los pasos cada vez más enérgicos y seguros, de la revolución popular sandinista que, generosa, día a día, iba sembrando de sangre los campos, la montaña, las plazas en los que pronto, muy pronto, brotaría joven y hermosa la libertad.

Bien sabía yo que ella se marchaba preocupada, consciente de los riesgos que yo corría. Seguiríamos escribiéndonos – y lo hicimos – pero, poco a poco nuestras cartas se fueron distanciando en el tiempo y el afecto, hasta que un día, lentamente, se perdieron del todo. Bien sé que fue por culpa mía, porque nunca contesté a su última, satisfecho y contrariado a la vez, porque me hablaba en ella de sus inmediatos planes de boda.

Triunfó la revolución y con ella la euforia revolucionaria, no exenta de algunos abusos y desmanes. Pasados dos años, tras la Cruzada de Alfabetización Nacional, alfabetizando cerca de la frontera de Honduras, donde ya actuaba la "Contra," tanta euforia y agotamiento me empacharon, apurándome palabras maternas y vehementes deseos de retornar a la patria lejana, a la casa paterna. Así, desoyendo la llamada de correr a El Salvador para vivir una nueva aventura revolucionaria, recordando las palabras de Régis Debray, compañero de Che Guevara, "el que ha vivido una revolución – si es inteligente – ya no quiere volver a vivir una segunda," me fui de mis bien amadas y nunca olvidadas tierras centroamericanas.

1980, España en el corazón

De todo lo vivido, sólo queda en la
memoria lo que proviene del corazón.

Mi vuelta a España resultó gratificante para descansar y recuperar fuerzas perdidas. Tras un año, volví a sentir la necesidad del contacto y del calor de las gentes de una parroquia. Fueron cinco hermosos pueblos, en el corazón del Bierzo alto, los que el Obispo de Astorga me dio, donde gentes mineras me quisieron, quise, y me dejé querer de ellos. Llegaron después, desafortunadamente, los trabajos en los centros educativos privados: como profesor, educador y director. Años duros y difíciles, pero la ancianidad de mis padres y el apego a mi tierra me cerraron las puertas de Centroamérica. Finalmente, la vida como Rector del Seminario Mayor de Astorga tenía retos aún mayores. La crisis vocacional estaba vaciando los seminarios. Ser cura en España ya no era la única salida para los hijos de los pobres. El mundo en Europa abría nuevos caminos y ofrecía muchas más alternativas, y la senda célibe hacia el altar se había hecho más cuesta arriba para aquéllos que – cada vez menos – sintiéndose llamados, optaban por el sacerdocio.

Voluminosa había llegado la correspondencia aquella tarde plomiza de diciembre de 1988, pero ni curiosidad tenía en abrirla. Tras una excursión a los Picos de Europa, el cansancio del día y el calor del cuarto me tenían como aletargado. Presentía que, además del disfrute de la nieve, algo nuevo me iba a traer aquella memorable jornada. Me dispuse a repasarla, y una carta me captó la atención, venía de Chicago. No podía creerlo. Era la gringuita, lejana en la distancia, perdida en el tiempo, nunca olvidada, pero sí un tanto apartada del corazón. Volvía a escribirme, a buscarme, después de – tuve que hacer memoria para recordarlo – ¡casi veinticinco años de ausencia y lejanía!

Vivía en Chicago y muchos de sus sueños ya se habían hecho realidad. Era una mujer madura, una madre, una profesional, pero me decía que se sentía sola. Desde esta frase intuí algo extraño que de momento no supe concretar muy bien. Mi vida en estos años había cambiado mucho. Había pasado por muchos cargos y por muchas cargas en la diócesis de Astorga. Estaba cansado, abrumado, desmotivado, clericalmente descreído. Habían fallecido mis padres y la casa estaba vacía y se había llenado de un humo gris y pegajoso, de nostalgia y de tristeza por todos los que habían partido. Me sentía solo. El fantasma de la jubilación mental, parejo al de la soledad, bailoteaban a diario en mi cabeza. Con verdadera nostalgia recordaba las apiñadas calles salvadoreñas, llenas de colorido y fritangas, la hospitalidad generosa de una Guatemala nativa, la alegría campesina de una Nicaragua libre, pero me consideraba viejo para saltar el charco otra vez. A punto estuve de resignarme a envejecer de manera prematura asentado en la tumbona cómoda de un despacho parroquial, misando a la tenue luz de unas velas temblorosas, contando domingo tras domingo la pingüe colecta de tres misas repletas de un pueblo generoso y atento a unos sermones que escribía con el alma, sin darme cuenta de que estaba, con mis gestos, enviándolos al corazón, como mendigando cercanía y amor.

– ¿Cómo estás? – su voz sonaba lejos, pero la sentía tan cercana, tan afectuosa, tan dulce y compasiva – ¡justo como ahora la necesitaba! – y me volvió a encandilar.

– ¡Qué alegría volver a escucharte! ¡Cuéntame, cuéntame! – nos apurábamos mutuamente. ¡No puedo creer que después de tantos años …!

– Vivo en Chicago. ¡Te he buscado por media España! – se soltó a hablar y a mí me gustaba escucharla – . ¡Te invito a venir a mi casa, así podremos vernos y conocerás a mis hijos! – . Adiviné que su corazón y su casa estaban abiertos para mí y presentí algo más profundo y cercano en sus palabras: ¡Dios acababa de encender, brotando de las brasas del recuerdo – algo que nunca murió

– chispas agazapadas entre las cenizas del tiempo, que volvían a iluminar de esperanza dos corazones cansados, rotos y solitarios!

– ¡Si Dios quiere iré en agosto! – le aseguré.

Pero el destino no quiso que fuera en agosto. Mi hermano mayor – confidente, apoyo, el mejor amigo – en menos de tres meses se fue, y me dejó todavía más solo de lo que estaba. Sentí su muerte como un golpe brusco, casi violento, en la boca del estómago y en las raíces del alma, que me hizo trastabillar. Fueron meses de agonía, marcados por el dolor y la esperanza que a medida que pasaba el tiempo se me empequeñecía. Fueron largas semanas en las que siempre escuchaba la palabra arrolladora de ella y la respiración cada vez más entrecortada de él. Lo vi morirse poco a poco, por eso el día en que se murió del todo, se me escaparon unas lágrimas lentas e impotentes, como nunca en la vida se me habían escapado, sin poder ni querer hacer nada por retenerlas. Su muerte supuso otro duro golpe para mi corazón desolado. Los padres y el hermano mayor son como soportes claves donde los demás hermanos apoyamos vida y esperanza, y cuando estos se van, como que comenzamos a tambalearnos, y necesitamos buscar apoyos nuevos para asegurar nuestras raíces.

Yo no pertenecía ya a ninguna parte. Lo había perdido todo. Quería huir de todos y de todo, deseaba echar nuevos cimientos, formar mi propio hogar, el nido que nunca antes había tenido. Cansado estaba de ser amablemente hospedado en casa extraña, durmiendo en cama ajena, sentado en una mesa fría y vacía, hablando cada noche en eternos soliloquios con mi soledad y mi tristeza. Mi sueño, despierto y bien consciente, era volar donde ella, anidar en sus brazos, echar raíces en su tierra, trabajar y volver cada noche al hogar para celebrar unidos el amor, la amistad y la armonía.

Viendo el nuevo Obispo de Astorga que la máquina de hacer curas – de la que yo era, tras él, el principal responsable – no funcionaba, me llamó a su palacio de Gaudí – filigrana de caprichos y ensueño de prodigios – , y me envió a una parroquia hermosa y grande en el corazón celta y dulce de Galicia. Era "un buen lugar" – pensaban algunos colegas, envidiaban otros – con gentes cariñosas y hospitalarias, pero ya no estaban allí ni mi esperanza ni la futura meta de mis sueños, y ya desde el principio intuí que aquel no sería para mí un destino feliz, apropiado, y menos, definitivo.

– ¡Entonces, para noviembre, el cuarto domingo, el Día de Acción de Gracias, te espero! – me dijo ella emocionada y de un tirón.

– ¡Sí, allí estaré, volaré en Iberia, pero creo que no voy a reconocerte, han pasado tantos años …! – lamentándome le sugerí.

– ¡Iré con mis hijos y llevaremos una …! – y se cortó la llamada.

Chicago, 2000, un gratificante reencuentro

La gratitud es la memoria del corazón

Su cara, su sonrisa, sus ojos, eran los de siempre, y sobraba la pancarta. Comenzó a hablar y me desbordó. Los hijos miraban sin entender, pues apenas sabían nada de español. El sabor a hogar y su ternura de mujer y de madre, me cautivaron.

– ¿*Where is daddy* …? – rompió la niña menor la emoción y el encanto de nuestras miradas.

– ¡Nunca más estarás solo, tienes que dejar de sufrir! – me dijo sentados a la mesa el mismo día de Acción de Gracias – . No es sano quererse en silencio, a hurtadillas, sin poder ser correspondido, mentirle a Dios y al ser querido. Si tú quieres podemos tener un destino en común, un amor sin huidas, una familia – se sinceró mientras nos mirábamos.

Yo callaba, e interiormente pensaba y asentía. Una vez más ella me sorprendió:

– Estamos pensando que a partir de ahora él será su papá – dijo con temblor en los labios, a la vez que con una mirada envolvente nos atrapaba y nos encerraba a todos en su corazón de madre.

– Volví a España por volver, pero mi corazón se quedó con ella, a la vez que comenzaba a tener la sensación de que la distancia entre los dos era una doble infidelidad, un contratiempo y un contrasentido que nos robaba días de felicidad.

Al año siguiente, traidor y cobarde para unos por el inesperado abandono del ministerio pastoral, aunque supongo que valiente y decidido para otros, dejando todo listo en la parroquia y muchas cosas personales para el sucesor, me fui. Llegué a Chicago un catorce de agosto, con una maleta de ropa y objetos personales, y otra repleta de libros que Iberia se encargó de extraviar por un par de semanas, pero un alma y un corazón ya armonizados y coherentes, llenos de sueños, esperanzas y proyectos.

Los ojos de ella eran más azules y dulces que nunca. Su vestido de novia era blanco y sencillo, como yo en tantas ocasiones lo había imaginado. Un sacerdote de la Iglesia Episcopal Carismática bendijo nuestro amor y a partir de ahí, de un plumazo aventamos veinticinco años de silencio, de huidas hacia ninguna parte, y empezamos a sentir que Dios y la vida nos brindaban una nueva oportunidad para comenzar de nuevo, aunque desafortunadamente, las puertas de la Iglesia Católica se cerraban para nosotros con tamaño escándalo y farisaico y pueril estruendo.

Mentiría si dijera que los primeros años fueron fáciles para mí, para los dos, para todos. El idioma, el bagaje de cuarenta años de educación machista y dictatorial, de treinta años de ministerio sacerdotal, marcan un carácter exclusivista, dominante, autoritario; la vida con los chiquitos, la cultura de un país tan diferente a todos en los que yo había vivido hicieron en ocasiones mi camino cuesta arriba. Pero ese es otro cuento salpicado de tropezones, alguna que otra rabieta, pero también de apoyo incondicional, compresión y cariño por parte de todos. Mi vida dio un cambio como de la noche a la mañana. Por fin tuve un hogar propio y compartido, una pertenencia y un destino. Mi futuro no hablaba ya de jubilaciones ni retiros, ahora me alegraba mirar hacia adelante y darle gracias al cielo porque juntos habíamos encontrado un sentido auténtico y pleno – humano y divino – , a nuestras vidas.

Ahora vivimos en Kansas City, y mis sueños ya no son revolotear, escapar, ahora; apegado a mis nuevas raíces, me despierto aliviado al verla a mi lado, porque – en noches misteriosas – horas de pesadilla me arrojan de nuevo a aquel mundo incompleto, insatisfecho, anodino, y sufro en sueños, porque no encuentro la clave secreta hasta despertar aliviado y sentirla a mi lado.

– Lo nuestro siempre será un misterio – me dijo ayer con una sonrisa, después de escuchar mi versión del pasado.

– ¡Tal vez un milagro! – le susurré.

– Creo que aquella decisión que tomamos en Nicaragua no fue la mejor. ¡Nos equivocamos y hemos perdido tanto tiempo! – se lamentó.

– Es posible, pero fue lo que fue – le contesté – ¡Y ahora aquí estamos, porque también el amor, como el buen vino, necesita su tiempo de fríos y esperas, reposo y madurez! ¡Yo siempre seré para ti un infatigable viajero, pero siempre a la espera sorpresiva del encuentro tras cada día nuevo que juntos vivamos!

– ¡Y yo seré tu gringuita, tu buscadora e inseparable Amiga … de nuestra común América!

– Y así nos vamos queriendo en la brevedad de los años, aprovechando cualquier momento para disfrutar de las menguadas cuotas de felicidad que día a día, juntos, le vamos arrancando a la vida.

– ¡Siempre te buscaré, como por años lo hice!

– ¡Nunca te dejaré! porque ahora nuestras raíces se clavan y se entrecruzan en esta tierra y nuestras ramas tocan un firmamento nuevo.

– ¡Bien lo sabemos, porque juntos, tú y yo, somos mañana! – me susurró emocionada.

– ¡Y siempre tendremos un palpitante y venturoso pasado para recrear! – le dije sonriente, mientras efusivamente nos besábamos, observados por los claros y fascinados ojos de nuestra pequeña nieta Autumn Christina, atesorando nuestro embeleso en el diminuto relicario de su incipiente historia.

Eugenio González Núñez
El jíbaro de fuego

La palabra jíbaro o jibro, entre otros muchos significados, se dice del animal, especialmente del doméstico, que se ha hecho montaraz y esquivo.

El Jibro es un lugar recóndito, tentador y solitario, protegido de vientos y de miradas indiscretas, justo a medio camino entre la soleada planicie del Cóporo astur y las laderas y barrancos que cabalgan hacia la cumbre celta del monte Turcia. Está, subiendo el umbroso reguero del Valle, y a la entrada misma de un bosquecillo de castaños bravos y varas de avellano ahora peladas y mustias por las crudas heladas de enero.

Han crecido en sus laderas vigorosas zarzamoras, madreselvas y algún que otro peral injerto, cerezos, higueras, donde la coruja finge ser niña mimada y agorera, busca oculta compañía la raposa en celo. Siempre allí me subía la adrenalina, quizás por el influjo telúrico del lugar, o bien porque mi mente infantil fue marcada por aquella noche, noche de luna llena, que a mi padre y a mí nos sorprendió, nos desconcertó, nos sobrecogió y nos acalambró corazón y mente, un hermoso torito de fuego.

De la feria de Bembibre (1)
padre e hijo regresaban
y un ternero se plantó
desafiante en la calzada. (2)

En efecto, de la feria de Bembibre, un diecisiete de enero, fiesta de San Antón, patrono y protector de todos los animales, ya bien entrada la noche, y siguiendo el Camino Real, veníamos mi padre y yo hablando cordiales y animosos. Moreno, alto y delgado, con andares resueltos y ligeros veía yo a mi padre. De aquella, yo frisaba los dieciséis y aunque algo enclenque, pero decidido y animoso, trataba de seguirlo a grandes zancadas. Habíamos visto los hermosos bueyes valdeorreses y bercianos, las mulas de la inabarcable Tierra de Campos, los sufridos asnos del Páramo, los airosos caballos andaluces que jaleaban arrogantes hidalgos y apuestos señores.

En tres mil reales de plata, contantes y sonantes, habíamos vendido la pareja de bueyes, después de regatear con el tratante y alejar la sombra del buitre que se cernía sobre nosotros en la figura malévola y engañosa de un viejo *correate* (3), de pronunciada nariz aguileña, mirada torva y andares felinos.

Una vez vendida la pareja de bueyes, abandonamos el real de la feria, antigua mansión y castillo, hoy en ruinas, del malogrado Señor de Bembibre, caído en desgracia bajo el poder infernal y avariento del Conde de Lemos. Bajando unas empinadas escaleras, restos de un viejo torreón medieval y pasando por un túnel amplio, dimos vistas a la Plaza Mayor porticada, desde donde venía, fuerte y apetitoso, el olor del pulpo gallego, hervido a fuego lento en las grandes calderas de cobre por las pulperas valdeorresas y servido caliente y humeante en pequeños platos de barro de Pereruela.

Pedimos una buena ración. La pulpera más joven, ataviada con el típico traje de Valdeorras (4), me la sirvió en una cazuela de barro, bien colmada de suculentos y humeantes rabos de pulpo, rociados de pimentón de Jaraíz de la Vega, Cáceres, tierra de descubridores, sal gorda de Sanlúcar de Barrameda, la Tartesio Fenicia, donde no sopla el siroco, y regada con aceite de oliva virgen, expresamente traído de los sufridos campos de Jaén.

Mientras tanto, el pulpero le entregaba a mi padre un jarro de barro rebosante de vino de la tierra berciana, tinto, espeso y espumoso, una hogaza de pan blanco candeal y dos buenas lonchas de oloroso y curtido queso manchego.

– ¡Son veinte reales por todo, y buen provecho! – gritó el pulpero sin interrumpir su faena para mirarnos.

– ¡Gracias, y a su salud! – respondimos casi al unísono mi padre y yo, ante la mirada sonriente de la pulpera.

Tras la suculenta comida, compramos en la plaza, no sin regatear, un pañuelo de seda para la madre, un tabardo de cuero para mi padre, y una boina de hombre para mí. Cayendo el sol, abandonamos Bembibre. Tras cruzar San Román, nos desviamos y tomamos el viejo Camino Real, diseñado y dirigido por el propio Lemaur, mimado ingeniero militar francés de Carlos III, enfilamos la cuesta de Los Franceses y nos adentramos en la Dehesa de Cóporo. Era una noche fría de enero y una luna inmensa y plateada se desplazaba veloz en el cielo, apartando presurosa, altanera y señorona algunas diminutas y malvas nubes de algodón. Los pequeños charcos ya estaban convertidos en espejos helados, resbaladizos y brillantes. Los robles, rugosos y deshojados, tristes y grises, alargaban sus siluetas como un fantasmal ejército de improvisados guerrilleros bercianos en orden de combate contra el intruso y poderoso ejército francés.

– ¡Padre, cuánto me gustaría tener un caballo alazán, color canela o una mula torda, negra azabache, para pasearme en las fiestas y en las ferias y galantear a las muchachas!

– ¡Esos son lujos de hidalgos, Gabriel! – me atajó sin mirarme.

– ¡Padre, también los pobres sabemos soñar!

– ¡Bien que lo sé, no vayas a creer! Yo también soñé, para qué decirte que no, pero tiempo ha, te lo confieso, que tuve que despertar, si quisimos sobrevivir.

Sorpresivamente, casi al doblar la curva de El Valle, en pleno Camino Real, rompiendo el animado diálogo, se plantó como una exhalación un hermoso ternero, gallardo y airoso, salido quién sabe Dios de dónde, la cabeza levantada, airosa, con ese aire desafiante y altivo que caracteriza a los toritos en ciernes.

¡Padre, démosle caza!
yo lo tengo que engordar
y en la feria del Espino
mercaré un buen alazán.

– ¡Padre, un jato, démosle alcance! – me emocioné vehemente.

Mi padre sacó del hombro la reata con la que había llevado de ramal la pareja de bueyes y trató de lazarlo. El animal saltando como un corzo esquivó el lazo, pero no fue muy lejos y nos esperó, provocador y farruco metros más adelante, aún más hermoso y retador que antes, clavadas sus peludas pezuñas en el firme arenoso de la Calzada Real.

– ¡Padre, lo criaré y lo venderé en la feria y podré comprar un caballo alazán! – quise ganar la atención de mi padre mientras corríamos, reguero arriba, tras el esquivo y mañoso, huidizo animal. Da forma al arroyo un socavón medianamente profundo que han ido haciendo las lluvias, sobre todo las tormentas y el paso del tiempo, robando tierra y arena a ambas paredes laterales, donde se asientan, por el norte las viñas, y por el poniente un pujante soto de pipos silvestres, cimbreantes y derechos como velas.

De nuevo, nos hizo la misma faena, dejándonos plantados y sorprendidos, pero esta vez tomando veloz la ladera derecha del arroyo. Quisimos alcanzarlo, pero él siguió insolente, esquivándonos y burlándose de nosotros. Éramos ágiles, pero el ternero era más. Saltaba los pequeños barrancos como un rayo de luz, con tanta agilidad y destreza que comenzó, a un tiempo, a deslumbrarnos, fugaz como una estrella, y a intimidarnos, ardiente como oro en crisol.

Corríamos veloces por el tortuoso reguero, suavemente acariciados nuestros pies descalzos por caprichosas arenas de pizarra, que un hilo de agua clara, bajando de la Peña El Mouro, no se daba sumida y que discurría lenta, mansa y serena, para empapar los verdes prados de El Valle, porque los hermosos huertos se regaban con artilugios de madera llamados 'cigüeñales' que, como rústicos y manuales extractores de petróleo, bajaban al pozo para subir rebosantes calderos de agua escondida y colada entre las arenas.

> *Dura faena lazarlo,*
> *se escurre como felino,*
> *reguero arriba se va,*
> *alejando del camino.*

Aún así, empecinados en darle caza, seguimos jadeantes la vereda escurridiza del reguero. Pero él, con la habilidad de un felino, se escabullía, y cuando creíamos que ya lo teníamos al alcance de la mano, como por arte de encantamiento, se nos esfumaba. Habíamos llegado a lo más profundo del barranco, donde el agua caía murmurando levemente desde una peña, formando como una pequeña cascada y sin perderse en la arena, mansa, lenta y cristalina, discurría dorando las arenas camino del Valle. En el fondo, allí estaba él, arrinconado, pero de nuevo provocador, irresistible a nuestros ojos, pero con aire intratable.

Acorralado lo tienen,
preparado está el cordel
y el animal que se eleva
saltando como un lebrel.

– ¡Padre, ya no tiene salida, está atrapado! – grité al borde de la euforia.

Mi padre preparó el lazo corredizo en el cordel y avanzó precavido, no fuera a ser el diablo que el dichoso jato le jugara otra mala pasada. Casi lo tenía al alcance de la mano. Un paso más y sería suyo. Adiviné que mi padre y el torito se miraban cara a cara, como se miran toro y torero, sobre la arena de aquel diminuto redondel, recóndito capricho de la naturaleza. Por fin, mi padre vio unos ojos que brillaban en la oscuridad y adivinó en ellos una chispa provocadora y maligna, tal vez, peligrosa e infernal.

– ¡Padre, ya es nuestro, de aquí no se nos va! – jadeaba yo por el cansancio y sobre todo por la emoción, esperando ansioso a que mi padre pusiera fin a la faena y lazara al ígneo y brioso torito de mis sueños.

Mi padre, petrificado por aquella mirada irreconocible, torva y abismal, se había quedado paralizado – como torero aojado – clavado en la arena, incapaz de mover ni un solo dedo de aquella mano temblorosa.

– ¡Padre, ya es suyo! ¿A qué espera? – le grité de nuevo, más que apresurado.

Asustaditos los tiene
y no saben qué pensar
los mira desafiante,
y se les corta el hablar.

De repente, y como si tuviera alas, el animal de un salto descomunal se plantó en la cima del barranco y comenzó a carcajearse. Calculábamos incrédulos el salto de casi tres metros de altura que había dado. Sobrecogidos, nos mirábamos asustados y desconcertados, más que preocupados, temerosos. Mi padre, inmóvil, cordel en mano, una mano helada, temblorosa, agarrotados los dedos, parecía una estatua de sal, a la luz de una luna que proyectaba sus tenues rayos sobre las arenas del reguero, y la alargaba y encogía entre los arbustos del barranco, creando figuras deformes, caprichosas y antojadizas. Plantado sobre el barranco mirando petulante y ostentoso a sus perseguidores, fanfarroneaba el Jíbaro provocador, emitiendo sonoras y extrañas carcajadas, sobrecogedoras muecas, como un escalofriante engendro de otros mundos. De repente, en un abrir y cerrar de ojos, desapareció, dejando un tenue – casi imperceptible – rastro de humo pardo y provocando alarma en la propia naturaleza y en los animales que vigilaban, impasibles, aquella noche mágica, fascinante por irrepetible, e inolvidable.

– ¡Era como si tuviera lumbre, ascuas encendidas, fuego en los ojos y alas en los cuernos! – acertó apenas a decir mi padre con la voz entrecortada, volviéndose hacia mí.

– Padre, ¿no siente un tufillo feo, como si fuera …? – le insinué, rechazando con mis manos el aire helado de la noche.

Aún suena la carcajada
en sus oídos incrédulos
y un olor desagradable
ha dejado junto a ellos.

Mi padre no contestó. En ese mismo instante, en el palo seco de la higuera, Tito Alba, la lechuza, una enorme coruja vieja y agorera emitió un lúgubre, prolongado, repetitivo, sibilino y silábico silbido: ¡mu – cha – chooo, mu – cha – chooooo! Una mirla asustada salió de los zarzales repicando su timbre de alarma y despertando el Soto dormido. La raposa, camino de la Peña El Cuervo, emitía, una y otra vez, con intervalos, su berrido de animal en celo, blaz – blazz, blazz – blazzz. La luna, alcahueta, cómplice y ruborizada había escondido su cara porque no quería ser testigo de aquellas dos lágrimas impotentes, amargas y furtivas que bajaban temblorosas y en silencio por las mejillas pálidas de mis sueños.

– ¡Mala pareja hacen la lechuza y la zorra juntas en una noche de luna llena! – sentenció mi padre, sin recibir respuesta.

Nosotros nunca habíamos sido hombres de miedo, pero estábamos temblando. Regresamos al Camino Real, y cabizbajos y en silencio recorrimos el corto trecho que quedaba hasta la casa. Nos acostamos, pero el sueño no quería venir, y cuando se acercaba, lo hacía del ramal brioso del maldito jíbaro, y se nos escapaba por las rendijas del tejado y los pliegues oscuros del recuerdo, dejándonos aterradoras visiones y sobresaltos que nos mantuvieron en vela, nerviosos y asustados, hasta el amanecer. No sabíamos si contarlo o no. No queríamos que la gente se riera de nosotros, porque éramos gente respetable y muy creíble. "Deben contar la historia," aconsejó mi madre, y la contamos, como yo se la cuento a ustedes ahora, aun a riesgo de que no me crean, como ni el propio Obispo de Astorga se dignó creernos.

Cada diecisiete de enero, cuando la luna llena ponga brillo de verbena en cada losa del tejado de la ancestral casa paterna, nosotros volveremos a temblar ante el recuerdo. Una risotada indescriptible estremecerá de nuevo mi alma soñadora, un humillo tenue subirá por las escaleras y un acre olor a azufre invadirá la casa entera. Entonces, y sólo entonces – yo sabré que aquello fue verdad, porque la copla, el romance –, tras muchos años de nieves y soles siguió vivo en labios de ciegos, en ferias y filandones (5) de la fascinante y encantadora comarca del Bierzo (6).

> *Fue en el Jibro la ventura,*
> *allende el claro arroyuelo,*
> *donde el jato tomó vuelo,*
> *volviendo a región oscura.*

GLOSARIO:

(1) Bembibre es la capital del Bierzo Alto, famosa por sus ferias y fiestas y sobre todo por la novela "El Señor de Bembibre". Es la novela romántica más famosa de España, cuya acción principal se desarrolla en el Bierzo durante la época medieval tardía, contando la pugna entre los nobles gallego – bercianos y la poderosa Orden Militar del Temple.

(2) Estrofa de un poema más largo, ya perdido, que circuló a finales del siglo XIX en algunos pueblos del Bierzo Alto, cuya capital es Bembibre, en la provincia española de León. Esta es la única estrofa original del romance que aún se conserva.

(3) Correate, regionalismo. Personaje siniestro, que tiene correa, labia, palabra

fácil. Recorría las ferias para engañar al campesino pobre en la compra o venta de animales (bueyes, caballos, asnos, etc.), en beneficio del poderoso señor que vendía o compraba, recibiendo por su 'oficio', en el trato hecho, una cierta cantidad de dinero.

(4) Valdeorras es una región de la provincia gallega de Ourense, que limita al este con el Bierzo. Afamados son también sus vinos y sus canteras de pizarra.

(5) Filandones. Reuniones habidas en largas noches de invierno en torno al fuego del hogar. Discurrían en la casa de algún vecino. Mientras las mujeres tejían o cosían, los hombres generalmente hacían cestos de mimbre. Todos cantaban, contaban chistes, historias, mientras comían castañas asadas y bebían vino tinto hervido con miel (fervudo).

(6) El Bierzo es una comarca o región de la provincia de León, situada en el extremo oriental de la misma. Limita con Asturias al norte, al sur con Zamora, al oeste con Lugo y Ourense. Fue poblado por celtas y astures, pero fueron los romanos quienes le dieron tal nombre por considerarlo un verdadero vergel de belleza y riqueza, de donde extrajeron considerable cantidad de oro. Es famoso a nivel mundial por sus vinos, y porque en él discurre el Camino de Santiago hacia Compostela. No queda lejos de Portugal y la capital es Ponferrada.

Lupita Vargas
¿Qué Borges no es para "lectores hembra"?

He leído a Borges desde hace años, leí Ficciones y El Aleph…
hace un año recibí de alguien muy especial Cuentos completos de
Borges, y no voy a mentir, la fama de Borges me intimida, así que se
me ocurrió consultar en Google lo siguiente: ¿Cómo leer a Borges?
No esperaba lo que encontré, un "Manual para leer a Borges" ¡Lo
devoré!, y más me intimidó, pero no me vencí, aprendí un par de
términos que me hicieron seguir investigando, leí que Borges no
es para lectores hembra; ojo, un término muy controvertido que
inventó Julio Cortázar para designar al lector "pasivo," sé que le
llovieron las críticas del género femenino, ya que identificar a
la hembra con la pasividad es, o no conocer a las hembras, o no
conocer en verdad en lo que consiste la pasividad del lector, en
fin, después de mi experiencia personal con este nada fácil y muy
controvertido escritor puedo decirles que: Borges no me apasiona,
me reta, no me aburre, me cansa, no me duerme, me da insomnio,
no me permite evadirme, me enfrenta.

A mí, leer en inglés me cansa terriblemente, me da dolor
de cabeza por el esfuerzo que implica comprender lo que leo,
reconocer el vocabulario, traducir el sentido de las frases, etc., así
me siento con Borges, es como leer en otro idioma.

A veces me imagino a Borges mirándonos burlonamente,
mientras tratamos de entender qué nos quiere decir, buscando la
salida del laberinto de palabras, ideas, conceptos, fechas, nombres
y personajes de su mundo.

Otras veces pienso que algunos de sus cuentos no dicen nada,
y él se divierte con nosotros mientras buscamos el mensaje en una
botella vacía.

Si estamos frente a una ventana en una habitación y el cuarto
está muy oscuro y la luz de afuera es intensa, solo veremos nuestra
imagen reflejada en el vidrio de la ventana….esa sensación me
da leer a Borges, me enfrenta con la visión de mí misma, como
mirando mis propias pupilas, o como si cualquiera de los personajes
volteara sorpresivamente y me mirara directo a los ojos.

Definitivamente me quedo con El incivil maestro de ceremonias Kotsuké no Suké, El Inmortal, El Aleph, Los tres Judas, La otra muerte, El Zahir, La escritura de Dios y no sé cuáles más se agreguen a la lista conforme los vaya leyendo.

Y para terminar les diré que Borges me queda grande, leerlo por leerlo es indigno, se me antoja leerlo en compañía, o en grupo y apoyarme de otras inteligencias, otras aperturas y experiencias, perspectivas diferentes que me hagan navegar en otra conciencia.

RESEÑA DE AUTORES

Rogelio Arellano Álvarez

Rogelio Arellano Álvarez, nació en México. Se graduó de la Universidad Regional del Norte en una Licenciatura en Turismo e inició la carrera de Filosofía y Letras que dejará truncada para ir a los Estados Unidos, cambio que a su vez le permite ver a México desde una perspectiva muy diferente. Toma varios cursos de redacción y poesía en la Escuela para escritores dirigida desde Madrid, España. Ha publicado artículos de opinión en revistas de Kansas City, participa en diversas ocasiones con la exposición de sus pinturas en diferentes plataformas culturales tales como bibliotecas Públicas y el Consulado de México en Kansas City, así como en diversos talleres literarios en México y Estados Unidos. Es así como después de una larga búsqueda llega al Colectivo de Escritores Latinos -*Latino Writers Collective*- en la actualidad es miembro de la junta directiva de esta organización.

Jessica Ayala

Jessica Ayala, escritora y activista, nació en Colombia, en Ipiales, la llamada Cuidad de Nubes Verdes. A los tres años de edad inmigró con sus padres a los Estados Unidos donde se formó en un ambiente bilingüe y multicultural. Llegó a Kansas City, Misuri y a la edad de ocho años publicó su primer poema en la antología de The Young Author's Conference. En el 2000 recibió un premio como la Misuri Speaker of the Year del Metropolitian Community College. Empezó su trabajo como activista en 2004, participó con un grupo de colegas en la organización de los hijos e hijas de inmigrantes en una serie de manifestaciones pidiendo justicia por las deportaciones y separaciones de familias. Su libro *I'm Just A Kid From Ipiales* será publicado en enero del año 2017 donde contará su historia en forma de memoria poética.

Norma Elia Cantú

Norma Elia Cantú es profesora de Estudios Latinos en la Universidad de Misuri en Kansas City. Ha publicado ensayo, poesía, y cuento corto. Sus más recientes obras incluyen: *Transcendental Train Yards*, y una nueva edición de I*mágenes de una Niñez Fronteriza*, celebrando el vigésimo aniversario de Canícula.

Xánath Caraza

Xánath Caraza enseña en la Universidad de Misuri en Kansas City. Es la nueva Writer-in-Residence de Westchester Community College en Nueva York. Su poemario *Sílabas de viento* recibió el 2015 *International Book Award* de poesía. También recibió Mención de Honor en la categoría de "*Best Poetry Book-One Author-Spanish*" de los 2015 *International Latino Book Awards*. Su poemario *Ocelocíhuatl, Conjuro* y su colección de relatos, *Lo que trae la marea*, han recibido reconocimientos nacionales e internacionales. Sus otros poemarios son: *Tinta negra, Noche de colibríes y Corazón pintado*. Su próximo poemario es *Donde la luz es violeta*. Es columnista de *La Bloga, Smithsonian Latino Virtual Museum, Periódico de Poesía, Revista Literaria Monolito* y la *Revista Zona de Ocio*.

María de los Ángeles Díaz

María de los Ángeles Díaz nació en México pero desde muy niña vivió en Honduras. En la actualidad radica en los Estados Unidos. Estudió arquitectura en la UNAM de Ciudad de México. Como parte de un equipo obtuvo el premio de diseño de vivienda social de la *Royal Institute of British Arquitects* -1983-. María de los Ángeles disfruta de todas las manifestaciones culturales y pertenece a varios talleres de poesía de Honduras y Kansas City, en la actualidad es miembro de la Junta Directiva del Colectivo de Escritores Latinos -*Latino Writers Collective*-.

José Faus

José Faus nació en Bucaramanga Colombia. Es escritor, muralista y actor. Tiene un título en *English journalism/creative writing emphasis* y otro en *Art painting emphasis* de la Universidad de Misuri en Kansas City -UMKC-. Publicó algunos de sus trabajos en Cuentos del Centro y Primera Página, sendas publicaciones del Colectivo de Escritores. Ha pintado varios murales en el Área de Kansas City, Kansas y Misuri, también en Michoacán, México. Además José ha sido invitado como delegado cultural con la Embajada de los Estados Unidos a Santa Cruz, Bolivia, para participar en la realización de un mural en esta ciudad suramericana. Ha publicado sus trabajos en muchas revistas literarias.

Eugenio González Núñez

Eugenio González Núñez nació en León, España. En Salamanca completó sus estudios de teología donde fue ordenado sacerdote dominico. Viajó a El Salvador donde cursó estudios en la Universidad Centroamericana. Trabajó tres años con los nativos de origen maya-quiché de Guatemala. Pasó a Managua, donde trabajó y estudió en la Universidad Centroamericana, participó en la Revolución Popular Sandinista así como en la Cruzada de Alfabetización Nacional en Nicaragua. En 1980 regresó a España. En el 2000 volvió de nuevo al continente americano, y tras un par de años en Chicago se radica junto con su esposa Jane en Kansas City donde da clases de español en el Johnson County Community College (JCCC). Es Bachiller en Filosofía, Licenciado en Filología Española, y tiene un Máster en Teología. Acaba de escribir su tesis doctoral en Teología Pastoral. Ha ganado varios premios, (5) de cuentos regionales breves, (2) nacionales, y ha publicado varias obras.

Gloria Martínez Adams

Gloria Martínez Adams es miembro fundadora del Colectivo de escritores Latinos -*Latino Writers Collective*-. Ha publicado sus historias en: Cuentos del Centro y Primera Página, libros del Colectivo de escritores al que pertenece. Se pensionó de una organización sin fines de lucro y considera que ha disfrutado al máximo de su carrera, también ha escrito para: *Kansas City Voices Magazine, Blue Island Review, Mind's Eye, Leaves of Grass, Present Magazine, KC Hispanic News, AquíMagazine, Poetry of Resistance* and *John Brown Press*. En la actualidad mantiene contacto con comunidades latinas y continua escribiendo.

Sofiana Olivera Abalán

Sofiana Olivera Abalán obtuvo su licenciatura en Economía y Estudios Latinoamericanos de la Universidad de Kansas, EE.UU. Escribe cuento y teatro en inglés y español. Su cuento *Silent Talk* fue publicado en *Stories from the Heartland* y su obra de teatro corta, *The Chargemaster* fue seleccionada en el 2013 por *The Barn Players 6x10 Festival*. Sofiana es una eterna viajera y una ávida lectora desde niña. Actualmente divide su tiempo entre su hogar en Kansas y su querida ciudad natal de Lima, Perú. Su curiosidad e interés en la historia de su país fue la semilla inicial para *Mendigos sobre un banco de oro*, la novela histórica en la cual está trabajando.

Eloísa Pérez-Lozano

Eloísa Pérez-Lozano se formó en un ambiente bilingüe y bicultural en Houston, Texas. Se graduó en el 2007 con una Licenciatura de ciencias de la sicología y en el 2011 obtuvo su maestría en periodismo y comunicación de la *Iowa State University* en Ames. Desde hace varios años forma parte del Colectivo de Escritores Latinos -*Latino Writers Collective*- además pertenece al *Gulf Coast Poets Group* y a la *Sociedad de Poetas de Texas*. Sus poemas han sido publicados en *The Texas Observer*, *Aaduna*, *Diverse Voices Quarterly* y *The Acentos Review*, entre otros.

Germán Perilla Díaz

Nació en Bogotá, fue presidente de la Asociación Nacional de Estudiantes de Periodismo y Comunicación de Colombia, como tal viajó como delegado a varios países. Participó en las discusiones de las mesas de trabajo que dieron origen a la nueva constitución de Colombia en representación de su organización y de los trabajadores de los medios de la comunicación. Cuando aún era estudiante escribió artículos para la revista Credencial y para su universidad, se graduó de periodista y trabajó en la radio. En Estados Unidos ha publicado artículos en Texas, Georgia, Kansas y Misuri, también ha hecho notas para televisión en Kansas City, Misuri, es el actual presidente del *Latino Writers Collective*, Colectivo de Escritores Latinos.

Juanita Salazar Lamb

Juanita Salazar Lamb, escritora y poetisa estadounidense, nació y creció en el valle de Texas, por eso se considera *tejana* de corazón, hecho que se ve reflejado en muchas de sus historias anteriores. En la actualidad vive en el Noroeste de Arkansas y está escribiendo sobre Oxnard, pequeña ciudad del estado de California donde vivió con su familia por un tiempo.

Marta Silva Serrano

Marta Silva Serrano nació en Salamanca, España. Se graduó de la carrera de Filología Inglesa en la Universidad de Córdoba, en donde también completó un máster en Traducción y Cultura. Emigró a los EE.UU. para continuar sus estudios. Desde 1997 ha residido en Kansas City, donde ha trabajado como profesora de español en escuela secundaria. Actualmente se haya cursando sus estudios de doctorado en Educación y Estudios Latinos en la Universidad de Misuri, KC. Su pasión es conectar con los estudiantes latinos inmigrantes a través de la literatura y proporcionarles una voz para expresar sus experiencias. Es miembro activo del grupo literario Colectivo de Escritores Latinos -*Latino Writers Collective*-.

Martín Torres

Martín Torres nació en Chihuahua, México, lleva 27 años viviendo en los Estados Unidos. En sus escritos se ven reflejados los recuerdos del pasado en su país de origen. La nostalgia le toca el alma e invade su espíritu de modo que la poesía que escribe es como un acto purificador para reencontrarse con su pasado. Martín empezó a escribir hace pocos años pero ya ha sido miembro de un colectivo de escritores en Arizona y recientemente del Colectivo de Escritores Latinos en Kansas City.

Lupita Vargas

Nací en Tamazula, un pueblito cañero al sur de Jalisco en México, soy la mayor de nueve hermanos. En mi casa se escuchaba por igual Agustín Lara y Bach, también se leía a Homero, Lorca y muchos más. A los ocho años recibí de mi abuelo mi primer libro, el que me convertiría en una lectora voraz y con el pasar del tiempo me llevaría a escribir mis propias vivencias. Soy egresada de la Universidad de Guadalajara en administración de empresas turísticas, trabajé por trece años en el sector de la hotelería, ahora vivo en Overland Park, Kansas, soy dueña de mi propio negocio, estoy casada, tengo tres hijos y escribo desde los trece años. Y soy miembro del Colectivo de Escritores Latinos.

Gabriela Ybarra Lemmons

Gabriela Ybarra Lemmons tiene una maestría en *Fine Arts in Creative Writing* de la Universidad de Kansas. Es miembro fundadora y expresidenta del *Latino Writers Collective*. Gabriela pertenece al *Macondo Writers Workshop*. En la actualidad es profesora de *Dual Language English Language Arts* en Topeka, Kansas y ha publicado en varias conocidas publicaciones.

AGRADECIMIENTOS

El Latino Writers Collective desea agradecer a los editores de las publicaciones en donde las siguientes obras aparecieron por primera vez:

María de los Ángeles Díaz
"Llorar" en *Con Tinta & Smithsonian Latino Virtual Museum,* el 20 de Abril de 2016.

Xánath Caraza
"Jueves" en elbeisman.com.
"Los Cocodrilos" en *Revista Literaria Monolito.*
"Joya de Cerén" en *Ocelocíhuatl* (2015) y *Kansas City Currents.*
"Aterrizando en St. Louis, MO" en *Ocelocíhuatl* (2015) y *La Bloga.*
"Espuma sangrante" en *Ocelocíhuatl* (2015), *No se habla español,*
    Progetto 7Lune, elbeisman.com, *La Bloga, Phonodia Lab,*
    Pensalibero, Word KCUR, *Atelier, Bitácora de vuelos y Outrage.*

José Faus
"En un rincón" y "Me despertaste" en *"Luces y Sombra" revista de artes y letras,* n° 28, diciembre 2012.

CPSIA information can be obtained
at www.ICGtesting.com
Printed in the USA
LVHW050050140721
692588LV00011B/1812